Daim Batangtaris
Hand-Dynamik

Daim Batangtaris

Hand-Dynamik

Neue Wege zu Selbstentfaltung, Sensibilität,
Ausgeglichenheit und bioenergetischer
Bewußtheit

Titel der niederländischen Originalausgabe: Handdynamica
Originalverlag: Ankh-Hermes, Deventer
Copyright © 1982 by Daim Batangtaris
Übersetzt von Karin Hirschmann
Umschlaggestaltung: Peter J. Kahrl, Etscheid
Umschlagillustration und Zeichnungen:
George Foster/Professionals, Amsterdam

1. Auflage 1983
Gesetzt aus der Excelsior der Firma Hell
Satz: Dörlemann-Satz, Lemförde
Papier: Papierfabrik Schleipen GmbH, Bad Dürkheim
Druck und Bindearbeiten: Ebner Ulm
Printed in Germany
ISBN 3 430 11229 X

Es ist nichts Geistiges, was nicht in den Bereich der Hand
und des Armes fiele.

Goethe

*All jenen gewidmet, die direkt oder indirekt zur Entstehung
dieses Buches beigetragen haben.*

Inhalt

Vorwort

Ein Bild sagt mehr als tausend Worte! Und durch *ein* Schlüsselerlebnis kann etwas deutlicher werden als durch tausend Bilder oder eine Million Worte. Deshalb glaube ich, daß bei einer holistischen (ganzheitlich orientierten) Methode der Handentwicklung die Intuition stärker im Mittelpunkt stehen sollte als die Theorie. Solange die Handdynamik als System offenbleibt, kann sie sich von ihrer Basis her flexibel gestalten, den verschiedenen Interessen derjenigen entsprechend, die mit diesem System arbeiten.

Ein weiterer wichtiger Grund zur Vermeidung jeglicher auf blinder Nachahmung beruhender Trainingsmethoden ist eher philosophischer Art: Der eigentliche Impuls, der hinter der Handentwicklung steht, entspringt an der Hauptquelle allen Lebens, im Innersten der menschlichen Natur. Ebenso wie dieses alles regulierende Kernprinzip das Hand-Arm-System erfunden und seinen Aufbau überwacht hat, ist es auch verantwortlich für die ständige Anpassung und Weiterentwicklung seiner praktischen Anwendungsmöglichkeiten. Eine Funktionsverbesserung dieses Systems ist deshalb nicht mehr (jedoch auch nicht weniger!) als das letzte Glied in einer Kette, die so lang ist wie die Entwicklung der Menschheit selbst.

Die kulturellen Einrichtungen, die in der Vergangenheit für eine solche Funktionsverbesserung zu sorgen hatten, konnten ihr Ziel nur auf indirektem Wege erreichen, indem sie zum Beispiel das Geschicklichkeitstraining förderten und Fächer wie Kunst und Handwerken innerhalb des Erziehungs- und Bildungssystems stärker betonten.

Mit der Veröffentlichung von *Handdynamik* bietet sich nun eine ganz neue Möglichkeit: Unter Umgehung unnötiger Umwege über herkömmliche Methoden können die Funktionen der Hand jetzt entwickelt werden, indem man sich unmittelbar der natürlichen Weisheit des Körpers bedient. Sobald wir gelernt haben, auf die subtilen Eingebungen des *kollektiven Unbewußten* zu reagieren, werden wir auch Gewißheit darüber erlangen, in welche Richtung unsere eigene Entwicklung gehen soll.

Sicherlich ist gerade zu Beginn des Trainings eine gewisse theoretische Unterstützung wünschenswert oder sogar notwendig. Soweit der kurze Einführungsteil dieses Buches dafür nicht ausreicht, finden Sie zusätzliche Informationen in den im Literaturverzeichnis genannten Büchern.

Vielleicht noch empfehlenswerter ist es, aus der umfangreichen Sammlung von Begleitkassetten, die zu diesem Buch entwickelt wurden, das für Sie Interessanteste auszuwählen. Schreiben Sie hierzu an:

HAND DYNAMICS INSTITUTE
P. O. Box 65930
NL-2506 EE Den Haag
Niederlande

Bereits erhältlich ist eine komplette Hand-Dynamics-Workshop-Reihe. Darin erläutert der Autor ausführlich, *warum* und *wie welche* Übung gemacht werden sollte. Darüber hinaus arbeitet das Institut derzeit an einer mehr fachlich orientierten Informationsreihe, in der bekannte Dozenten Gelegenheit erhalten, Themen wie Yoga, Massage, Körpersprache, Kunst, Musik, Tanz, Handwerk, Physiotherapie, Psychotherapie, Entwicklung des Kindes und Selbstverwirklichung in bezug auf Handentwicklung fachspezifisch auszuführen.

Ich bin davon überzeugt, daß das genannte audiovisuelle Begleitmaterial die nötige Information vermitteln wird, um die Reise zu den unerforschten Regionen im Innern unseres Selbst gut gerüstet anzutreten.

Selbst-Übung ermöglicht Selbst-Erkenntnis,
Selbst-Erkenntnis ermöglicht Selbst-Verwirklichung.

Einleitung

Ziel der folgenden Kapitel ist es, auf grundlegende Tatsachen hinzuweisen, die dem Leser behilflich sein werden, Handentwicklung in einem holistisch erweiterten Rahmen zu sehen. Drei Aspekte sind in diesem Zusammenhang besonders erwähnenswert:

1. *Handdynamik* entwickelt den Menschen in seiner Gesamtheit.
2. Unsere Lebensqualität wird entscheidend davon beeinflußt, inwieweit wir in der Lage sind, unsere Hände flexibel zu gebrauchen.
3. Die *Macht der Hände* ist eine Evolutionskraft, die sich auf unser Ökosystem und damit auf die Natur als Ganzes auswirkt.

Die Entwicklung der Hand

Die fortschreitende Automatisierung befreit den Menschen in zunehmendem Maße von harter Arbeit.

In nichttechnisierten Gesellschaften war der Gebrauch der bloßen Hände für Tätigkeiten wie Graben, Ziehen und Heben noch eine anstrengende und kraftzehrende Muskelarbeit. In unserer modernen Gesellschaft hingegen hat es den Anschein, als habe der auf Knopfdruck reduzierte Arbeitsprozeß den Hauptfluß der Energie von den Muskeln in das Nervensystem übergeleitet.

Natürlich hatte dieser Umwandlungsprozeß sowohl eine positive als auch eine negative Seite, denn mit dem plötzlichen Mehr an Komfort und Freizeit erhöhte sich zwangsläufig auch die Gefahr, einerseits psychophysisch zu degenerieren und andererseits psychosozial zu entfremden.

Zivilisationskrankheiten dieser Art kann erfahrungsgemäß nur durch Einführung vorbeugender Gesundheitsprogramme entgegengewirkt werden. Solche Programme sollten die Selbstverwirklichung auf allen möglichen Ebenen fördern, da nichts mehr Vitalität zu schenken vermag als die Entfaltung der verborgenen Möglichkeiten des inneren Wachstums. Zu den wichtigsten Selbstentfaltungsmöglichkeiten zählen zweifellos alle Fähigkeiten, die auf *Geschicklichkeit* beruhen.

Geschicklichkeit läßt sich am ehesten als eine kinetische (bewegungssteuernde) Variante der nonverbalen Intelligenz definieren, das heißt, die Fähigkeit, äußere und innere Wirklichkeit mittels einer vorsprachlichen Form des Syntheseschaffens zu koordinieren. Auf der physischen Ebene ist Geschicklichkeit von Faktoren wie Stärke, Beweglichkeit, Geschwindigkeit, Ausdauer und Tastsinn abhängig. Von einem psychologischen Gesichtspunkt aus betrachtet, gehören dazu Fähigkeiten wie Konzentration, Koordination, Anpassung, kreative Improvisation und Lernvermögen im allgemeinen.

Die Optimierung der Handfunktionen ist daher nicht nur eine Sache der körperlichen Entwicklung – der Geist und die Psyche sind daran gleich, wenn nicht sogar mehr beteiligt.

Die Tatsache, daß Handentwicklung von großem erzieherischem Wert ist, wird bereits seit Jahren von allen Fachleuten auf diesem Gebiet anerkannt. Montessori zum Beispiel stellte ganz klar heraus: »Kinder lernen zuerst mit den Händen, dann erst mit dem Gehirn.« Jaspers stand gleiches vor Augen, als er schrieb: »Das denkende Tun mit der Hand ist die eigentliche Schulung des Denkens selbst.«

Daß der Handentwicklung ein derartig großer Wert beigemessen wird, ist keineswegs verwunderlich, wenn man bedenkt, daß praktisch für jede Handlung, die wir als soziale Wesen ausführen, irgendeine Art manuellen Geschicks notwendig ist. Ob bei der Arbeit, beim Spiel oder beim Lieben – der Gebrauch der Hände ist in den meisten, wenn nicht in allen Situationen des täglichen Lebens absolut notwendig.

Die kreative Hand

Wenn Kreativität nicht bereits zu allen Zeiten als höchste Errungenschaft des Menschen gepriesen wurde, so ist sie doch sicherlich in unserer heutigen Zeit zu einer kollektiv angestrebten Idealvorstellung geworden.

Von Künstlern und Managern bis hin zu Schülern, Hausfrauen und Rentnern wird erwartet, daß sie in allen ihren Bemühungen so kreativ wie nur möglich sind.

In diesem Sinn fördert die moderne Generation von Schullehrern das Schöpferische als eine Art praktische Phantasie, deren innerer Quell dem evolutionären Urboden der Menschwerdung entspringt. Gewiß ist dies eine lobenswerte Entwicklung. Das einzig Bedauerliche daran ist jedoch die Tatsache, daß das Hauptaugenmerk dabei fast ausschließlich auf das Vorstellungsvermögen gerichtet wird, während der praktische Aspekt des kreativen Handelns vernachlässigt wird. Zu oft wird vergessen, daß der schöpferische Prozeß nicht in der Vorstellung allein abläuft, sondern letztlich erst im *Manifestwerden* (von lat. *manus* = Hand) sich konkretisieren kann.

Nehmen wir beispielsweise einen Musiker. Ein hohes Maß an psychophysischer Selbstbeherrschung ist absolut notwendig, um sein künstlerisches Können in die musikalische Entsprechung umzusetzen. Seine Gedanken müssen auf das Hier und Jetzt gerichtet sein, seine Gefühle müssen der musikalischen Stimmung entsprechen, seine Wahrnehmungen auf einen einzigen Punkt gerichtet und seine Bewegungen genau unter Kontrolle sein ... erst dann läßt sich erwarten, daß ein Kunstwerk das Wahrzeichen der Vollendung trägt.

Mit anderen Worten, es ist die Kombination von innerer Subtilität und äußerer Mikro-Präzision, die letzten Endes die Qualität einer musikalischen Aufführung bestimmt.

Der eigentliche Fluß einer solchen kreativen Handlung erfolgt über den Körper, insbesondere über das Hand-Arm-System. Wenn diese Leitung jedoch blockiert ist, kann die Kreativität nicht ausströmen. Daher benötigt der Körper, genau wie eine hochwertige Hi-Fi-Anlage, fachkundige Behandlung, eine richtige Einstellung und regelmäßige Pflege.

Das ist in der Tat eine der wichtigsten Aufgaben der *Handdynamik*. Sie hilft uns, Ideal und Wirklichkeit auf kreative Weise miteinander zu verbinden.

Die sensible Hand

Machen Sie einmal folgendes Experiment: Halten Sie ein Baby in Ihren Armen, und beobachten Sie, was mit Ihrem Körper, Ihrem Geist und Ihrer Psyche geschieht... urplötzlich werden die Bewegungen subtil, die Gedanken liebevoll und die Gefühle zärtlich. Legen Sie das Baby wieder zurück, und heben Sie statt dessen einen Sack Kartoffeln... im Nu wird die ganze Subtilität, Liebe und Zärtlichkeit verschwunden sein.

Was können wir hieraus lernen? Offensichtlich ist der physische Tastsinn (der sich aus einem Netz von abertausend Tastrezeptoren zusammensetzt) nur einer von vielen entscheidenden Faktoren der Sensibilität. Wichtiger und zugleich einer Entwicklung zugänglicher ist das, was wir im allgemeinen als »Lebenseinstellung« bezeichnen. Wer beispielsweise emotional angespannt ist, dessen Gesten werden steif und kantig aussehen. Wer dagegen Offenheit und Spontaneität bei sich zuläßt, der wird erfahren, daß sein ganzer Körper genauso beweglich, sensibel und warm wie eine Zunge werden kann.

Es ist demnach unsere selbstgewählte Einstellung, die vorausbestimmt, wie wir die Welt wahrnehmen und erleben. Diejenigen, die sich für Stärke und Macht entscheiden, werden sich auch mit den Streßfaktoren des Konfliktmodells, auf dem diese Werte basieren, abfinden müssen. Sicherlich wünschenswerter ist es jedoch, sanft und liebevoll zu werden, weil wir uns damit fast automatisch auf das Harmonieprinzip des Lebens einstimmen. Sobald alle Konflikte aus dem Bewußtseinsfeld gewichen sind, wird überdeutlich, daß der subtilste Sensibilitätsgrad, der uns möglich ist, in einem direkten Zusammenhang steht mit der Fähigkeit, die Dinge so zu akzeptieren, wie sie sind. Empfindungslosigkeit andererseits ist oft identisch mit einer defensiven Haltung des Sichabkapselns. Wir wappnen uns gegen etwas, was von uns als feindliche Umwelt betrachtet wird, aus Furcht, unsere »verwundbare Seele« könnte niedergetrampelt werden. Doch anstatt zu versuchen, das Negative an einem verkrampften Körper abprallen zu lassen, können wir auch so transparent werden, daß es einfach an uns entlanggleitet.

Der wichtigste Vorteil einer solchen transparenten Lebenseinstellung ist das synergetische Gleichgewicht, das hieraus resultiert: Wer sich in Gelassenheit übt, der wird entdecken, daß das freie Mitfließen mit den Bioenergieströmen tatsächlich die natürlichste Weise ist, um Sensibilität zu entwickeln.

Die ausdrucksvolle Hand

Die Hand ist der vielseitigste »Sprecher« der Körpersprache. Kein anderer Körperteil ist mit seiner unübertroffenen Bewegungsfreiheit so ausdrucksstark wie dieses »Organ der Organe« (Aristoteles). Die Hand ist der Überträger des Geistes, der Botschafter des Herzens, das Medium, durch das die Ideenwelt ihren Evolutionsplan offenbart.

Vorwiegend ist es das Unterbewußtsein, das sich über die Körpersprache zu äußern sucht. Dies geschieht unabhängig vom Ich-Bewußtsein, weshalb *Hände verraten, was Zungen verschweigen.* (Siehe Lee/Charlton: *The Hand Book.*)

In früheren Zeiten scheint diese Spaltung zwischen verbaler und nonverbaler Kommunikation erheblich weniger ausgeprägt gewesen zu sein. In allen alten Kulturen wurde die gesprochene Sprache gleichzeitig mit der Zeichensprache verwendet (die Indianer sind dafür das beste Beispiel). Daher haben wir Grund zu der Annahme, daß verbale und gestische Fähigkeiten von ihrer Struktur her wie siamesische Zwillinge miteinander verflochten sind. Die Tatsache, daß Sprach- und Handzentrum im Gehirn nebeneinanderliegen, deutet ebenfalls auf einen gemeinsamen Ursprung hin (sogar wenn, wie im Fall der angepaßten Linkshänder, das Handzentrum zur anderen Hirnhälfte hin »umerzogen« wird, erweisen sie sich als unzertrennlich).

Auch haben neuere Untersuchungen zur Sprachentwicklung bewiesen, daß ein gewisses an der Hand orientiertes psychophysisches Grundprinzip am Lernprozeß beteiligt sein muß. Mariela Kolzowa sagt dazu folgendes: »Solange die Fingerbewegungen nicht frei werden, werden wir keine Sprachentwicklung erreichen. Bemerkenswert bleibt hierbei nicht die Tatsache des Einflusses der Fingerbewegungen auf die Sprachentwicklung, sondern der Umstand, daß wir so lange nicht auf den Gedanken gekommen sind, hiervon Gebrauch zu machen« (»Untersuchungen zur Sprachentwicklung« in *Der Kinderarzt* 1975/76).

Ich möchte noch einen Schritt weitergehen. Ist es nicht möglich oder vielmehr logisch, daß die Zeichensprache schon weit ausgereift war, als die gesprochene Sprache sich erst in einem frühen Entwicklungsstadium befand? Die Wahrscheinlichkeit dieser Annahme wird noch größer, wenn wir dabei berücksichtigen, daß, psychogenetisch betrachtet, das »Denken in Bildern« dem »Denken in Worten« vorausgeht.

Deshalb glaube ich, daß die syntaktische Tiefenstruktur der gesprochenen Sprache eigentlich nur eine Ableitung von der Tiefenstruktur der Zeichensprache ist, die selbst wiederum nur eine Ableitung des Instinktmusters ist, das der Körpersprache zugrunde liegt.

Ob sich diese Theorie je beweisen läßt, ist nicht von primärer Bedeutung. Worauf es ankommt, ist die Erkenntnis, daß die Hand dem vorsprachlichen Kommunikationstrieb des Lebens zum Ausdruck verhilft.

Beziehungen zwischen Hand und Gehirn

Hand und Gehirn verkörpern zwei sich ergänzende Aspekte der organismischen Selbststeuerung. Man könnte sagen, das Gehirn ist mit der »Legislativen« ausgestattet: Es liefert die Entwürfe für das Verhalten, die grundlegenden Strategien für das Tun und Lassen. Den Händen hingegen obliegt die »Exekutive«. Durch ihre außergewöhnliche Vielseitigkeit sind sie dazu vorherbestimmt, die Vorstellungen, Ideale und Ideologien des Menschen in greifbare Realität umzusetzen.

Die ungeheure Kompliziertheit dieser Wechselwirkung ist sicherlich das größte Meisterwerk des Lebens. Diese Zusammenarbeit von Hand und Gehirn war überhaupt *die* Voraussetzung für den entscheidenden Schritt des Menschen von einem animalischen zu einem göttlichen Wesen. Animalisch war der Mensch, solange er keine andere Wahl hatte, als sich den Launen der Natur anzupassen. Göttlich wurde er, als ihm die Fähigkeit erwuchs, die Umwelt zielentsprechend umzugestalten.

Dies läßt sich am Beispiel des Delphins verdeutlichen. Entwicklungsgeschichtlich betrachtet, sind seine Gehirnentwicklung und sein soziales Kommunikationssystem vergleichbar mit dem des Menschen. Jedoch fehlt ihm das organische Werkzeug, um damit eine zu den Sternen reisende Zivilisation aufzubauen.

Daran wird deutlich, daß Intelligenz die eine Seite ist, ihre Anwendung im wirklichen Leben jedoch die andere. Beide müssen zusammenwirken, damit aus situationsgebundenen Triebwesen »Mitschöpfer der Schöpfung« werden können. Der Mensch erlangte diesen besonderen Status dank seiner einzigartigen Fähigkeit zur Koordination von *Greifen* und *Begreifen*.

Zu derselben Einsicht kam Kant bereits auf rein geisteswissenschaftlicher Basis, als er schrieb: »Die Hand ist das äußere Gehirn des Menschen.« Zwei Jahrhunderte vergingen mit eingehender Forschungsarbeit, ehe die Wissenschaftler seine intuitive Erkenntnis bestätigten. Erwiesenermaßen nimmt das Handzentrum fast ein Drittel des motorischen Gehirns ein. Daraus läßt sich schließen, daß von allen Organen diese beiden am engsten miteinander verbunden sind. Das eine ist der Spiegel des anderen – eine Einheit in der Vielgestaltigkeit. Ihr innerer Dialog erzeugt ein sich ständig verstärkendes Echo. Ihr Austausch von Wachstumsimpulsen läßt das Pendel der Entwicklung schneller und schneller schwingen.

Im Körper verläuft dieser Feedback-Prozeß über Kreuz: Die linke, vorwiegend verbale Gehirnhälfte hat ihre spezifischen Merkmale in der rechten Hand ausgebildet, während die rechte, überwiegend phantasiebetonte Gehirnhälfte ihre besondere Entsprechung in der linken Hand entwickelt hat.

Deshalb ist die rechte Hand der linken in Kraft und Koordination überlegen, während die linke Hand sensibler und subtiler reagiert als die rechte (bei Linkshändern ist dies gewöhnlich umgekehrt).

Doch sollte man sich die Beziehung zwischen Kopf und Hand nicht als einseitig – wie die zwischen Gebieter und Sklave – vorstellen. Durch handdynamische Körperübungen können die Gehirnfunktionen beeinflußt, wenn nicht gar transformiert werden (siehe Übung 3 von »Hand-Hirn-Rückkopplung«). Dabei fördert die Entwicklung der Hand die Entwicklung des Gehirns und umgekehrt die Entwicklung des Gehirns die Entwicklung der Hand.

Paranormale Handfunktionen

Außergewöhnlich, übersinnlich, energetisch statt materiell ... an solche Begriffe denke ich, wenn ich das Wort *paranormal* benutze. Ich will damit auf Handfertigkeiten hinweisen, die weniger bekannt sind, aber den gleichen praktischen Wert besitzen wie die Geschicklichkeit im allgemeinen.
In Mildred Carters Buch *Hand-Reflexology* wird dies auf besonders klare Weise veranschaulicht. Es heißt dort:

> Im Körper zirkuliert eine heilende Energie in speziellen Bahnen, die schon vor Jahrhunderten von den Menschen aufgezeichnet wurden. Diese Energie bezeichnen wir als »Lebenskraft« oder »Lebensenergie«. Sie kann an mehr als achthundert Stellen des Körpers »angezapft« werden. Dieses Buch zeigt, wie wir den heilenden Energiefluß nutzen können, um uns von praktisch allen Schmerzen, ob chronisch oder akut, auf natürliche und direkte Weise zu befreien, und zwar durch einfaches Massieren der Reflexpunkte in unseren Händen, die mit all unseren Drüsen, Organen und dem Nervensystem verbunden sind.
> Die Reflexpunktmassage kann nicht nur spezielle Krankheiten heilen, sie dient ebenso der Gesunderhaltung und dem Aufbau von körpereigenen Abwehrkräften. Darüber hinaus lassen sich durch diese Methode gesundheitliche Störungen, bevor sie ernst werden, aufdecken. Auf diese Weise erlangen wir mehr jugendliche Energie und lernen, krankheitsverursachende geistige und körperliche Verspannungen zu reduzieren.

Eine andere Möglichkeit, die Hände zu gebrauchen, besteht darin, sogenannte »Atemräume« zu schaffen. Professor Ilse Middendorf sagt dazu:

Die Hände sind außerordentlich wichtig in der Atemtherapie. Wir haben bereits gesehen, welche Auswirkungen sie durch Druck über die Fingerspitzen auf verschiedene Körperregionen haben. Unsere Hände spiegeln uns selbst wider; wir strecken sie beim Einatmen und entspannen sie beim Ausatmen. Die Hände können in den Atembewegungen unser ganzes potentielles Sein zum Ausdruck bringen. Durch sie können wir die Kraft unserer Atmung auf uns selbst oder auf andere richten. Sie sind unendlich ausdrucksstark, können stimulieren oder beruhigen und sind für das *Atmen durch Bewegung* unbedingt erforderlich. (Ilse Middendorf: *Der Atem und seine Bedeutung für den Menschen.*)

Die Beziehung zwischen dem okkulten Element *Luft* und dem geheimnisvollen Funktionieren der Hände wurde auch von den urtümlichen Lehrern des Yoga hervorgehoben. Die Hände galten als Werkzeuge des *Herzchakras*, jenes Energiezentrums, welches zwischen den drei niederen und den drei höheren Zentren vermittelt. Das Element, das seinen ätherischen Metabolismus beherrscht, ist die *Luft.* Wie die Luft die Kommunikation zwischen Stimme und Außenwelt vermittelt, so vermittelt das Herz die Kommunikation zwischen den Chakras. Dieser Lehre zufolge findet die vermittelnde Eigenschaft des Herzens eine Entsprechung in der Verbindung der fünf Finger zu *einer* Hand (Daumen = Äther, Zeigefinger = Luft, Mittelfinger = Feuer, Ringfinger = Wasser, kleiner Finger = Erde).
In der wissenschaftlichen Parapsychologie versucht man zur Zeit, solch ein subjektiv erlangtes Wissen in ein Wirklichkeitsmodell zu übersetzen, dessen Richtigkeit sich auch objektiv feststellen läßt. Diese neue bahnbrechende Wissenschaft hat bereits zuverlässiges Untersuchungsmaterial vorgelegt, das sich unter anderem auf folgende paranormale Handfunktionen bezieht:

- »Sehen« durch Handflächen und Fingerspitzen;
- Heilen durch die Übertragung von Bioenergie;
- Gebrauch der Wünschelrute zum Aufspüren unterirdischer Wasseradern und/oder Mineralvorkommen;
- Gebrauch des Pendels, um intuitives Wissen sichtbar zu machen;
- Materialisation von Gegenständen (denken Sie zum Beispiel an Sai Baba, einen der bekanntesten Gurus des modernen Indien, der seine Wunderkräfte täglich in der Öffentlichkeit und im Fernsehen unter Beweis stellt).

In einem bescheideneren Rahmen – jedoch ebenso »wunderbar« – kann *jeder* von dem Gebrauch machen, was als »kosmische Energie« bezeichnet wird. Jeder kann den »Stecker« seines physischen Körpers in die »Steckdose« der metaphysischen Wirklichkeit stecken; er muß nur wissen, wie!

Die Macht der Hände

Wenn wir die Entwicklungsgeschichte der Hand bis zu ihrem Ursprung zurückverfolgen, entdecken wir eine unermeßliche Fülle von Entwicklungsfaktoren, die für das Zustandekommen dieses universellen Werkzeuges alle gleichermaßen von Bedeutung waren. Das mögliche *Wozu* dieses umfangreichen Entwicklungsprozesses ist noch relativ leicht zu verstehen: Der Organismus veräußerlicht sein Handlungspotential, um mehr Handlungsfreiheit und eine höhere Lebensqualität zu erreichen. Wagen wir uns aber weiter vor und fragen nach dem *Warum, Wie, Wo* und *Wann,* verstricken wir uns in eine unendliche Vielfalt von Bezügen, die die menschliche Logik bei weitem übersteigen.

Dennoch sollten wir zumindest einen ernsthaften Versuch unternehmen, unser Bewußtsein bis zu dem Punkt zu erweitern, an dem die Wahrheit der Intuition zugänglich wird. In einem solchen Zustand höchster Wahrnehmungsfähigkeit sehen wir die Hand nicht mehr als etwas rein Körperliches, sondern sie erscheint uns als das manifest gewordene Organisationsprinzip des Lebens selbst. Die geheimnisvolle Fähigkeit, zu lenken und zu steuern, ist eine Eigenschaft, die allen koordinierten Lebensprozessen zu eigen ist. Nirgends kommt diese steuernde Kraft deutlicher zum Ausdruck als in dem hierarchischen Aufbau unseres eigenen inneren Wesens:
- Der Geist lenkt mit der Willenskraft,
- die Psyche mit dem Begehren,
- der Körper mit dem Instinkt.

Interessanterweise hat die Hand im Hinblick auf unser irdisches Ökosystem eine ähnliche, in diesem Fall jedoch eine äußere Organisationsfunktion. Daraus können wir schließen, daß die menschliche Hand genaugenommen ein zentraler Steuerungsfaktor im allumfassenden Umwandlungsprozeß der Selbstentfaltung des Lebens ist – in gewisser Hinsicht gibt sie dem kunstvollen Werk von Allmutter Natur den »letzten Schliff«.

Mit anderen Worten: Durch den durchdachten Gebrauch des vielseitigen Organs *Hand* lernte der Mensch, Pflanzen und Tiere zu domestizieren sowie Häuser, Dörfer und Städte zu bauen; ein technologischer Ansatz, der in unserer Zeit zur Konstruktion von Computern, Robotern und Raumschiffen geführt hat. So ist in der Tat *alles*, was der Mensch erfunden hat, ein direktes oder indirektes Erbe der Macht der Hände.

Die Macht der Hände ließ den Menschen Gewalt über »alle Geschöpfe der Erde« erlangen. Bedenken Sie nur einmal: Die Hand kann erschaffen, erhalten sowie auch zerstören. Könnte sich ein Zauberer je einen idealeren Zauberstab wünschen? Läßt sich der Mensch nicht in der Tat mit dem Zauberlehrling vergleichen, der ein Machtinstrument in seinen Händen hält, das er beherrschen lernen muß, damit ihm die heraufbeschworenen Kräfte nicht aus den Händen gleiten?

Kurzum, Hände zu haben bedeutet, Macht zu haben – eine Macht, die ursprünglich nicht weiter reichte als eine Armeslänge. Bedingt durch die allmähliche Entwicklung von Werkzeugen und Technologie umfaßte sie jedoch bald die ganze Erde. Hände zu haben heißt daher auch, Verantwortung zu haben – eine moralische Verantwortung für unser gesamtes Tun und Lassen einschließlich aller damit verbundenen Konsequenzen.

Übungen

Vorbemerkungen zu den Übungen

Konzentration

Um optimale Trainingsergebnisse zu erzielen, bedarf es einer gesteigerten Konzentration. Wer beispielsweise die Übungen mit Tätigkeiten wie Fernsehen oder Musikhören verbinden möchte, sollte seine Aufmerksamkeit dabei in erster Linie trotzdem auf das richten, was in seinem Körper geschieht. Er sollte darauf achten, daß diejenigen Körperteile, die nicht unmittelbar für eine Übung gebraucht werden, entspannt bleiben. Außerdem ist es wichtig, die Atmung immer tiefer und fließender werden zu lassen, so daß sie einen Zustand des inneren Friedens erlangen hilft.

Vorsicht

Es darf nichts erzwungen werden!
Beim leisesten Schmerzempfinden müssen die Übungen sofort abgebrochen werden!
Besonders zu Beginn der Übungen sind kurze Trainingszeiten ratsam (das gilt vor allem für das Konditions- und Koordinationstraining).

Optimales Vorgehen beim Training

1. Mit einer kurzen »Aufwärm«-Phase beginnen.
2. Je nach Schwierigkeitsgrad kann ein selbstzusammengestelltes (jedoch unbedingt ausgeglichenes) Übungsprogramm 15, 30, 45 oder gar 60 Minuten dauern.
3. Zwischen den Übungen Pausen einlegen, um sich das Erlebte bewußtzumachen (und darin heimisch zu werden).
4. Nach jedem Übungsprogramm 10 Minuten (oder länger) *völlig entspannen.*

Zum Aufwärmen folgende Körperteile (kräftig) reiben:
a) Finger,

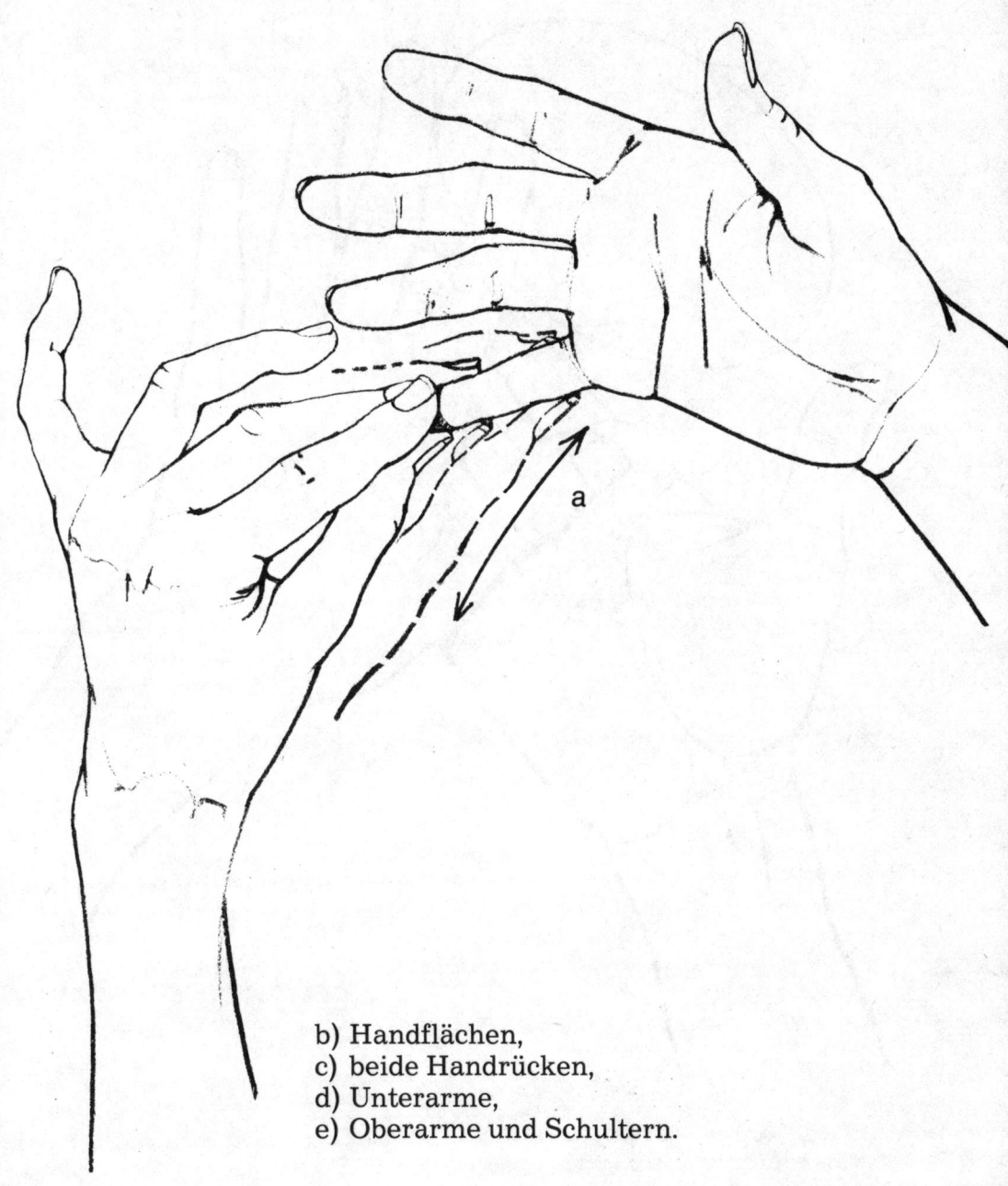

a

b) Handflächen,
c) beide Handrücken,
d) Unterarme,
e) Oberarme und Schultern.

29 →

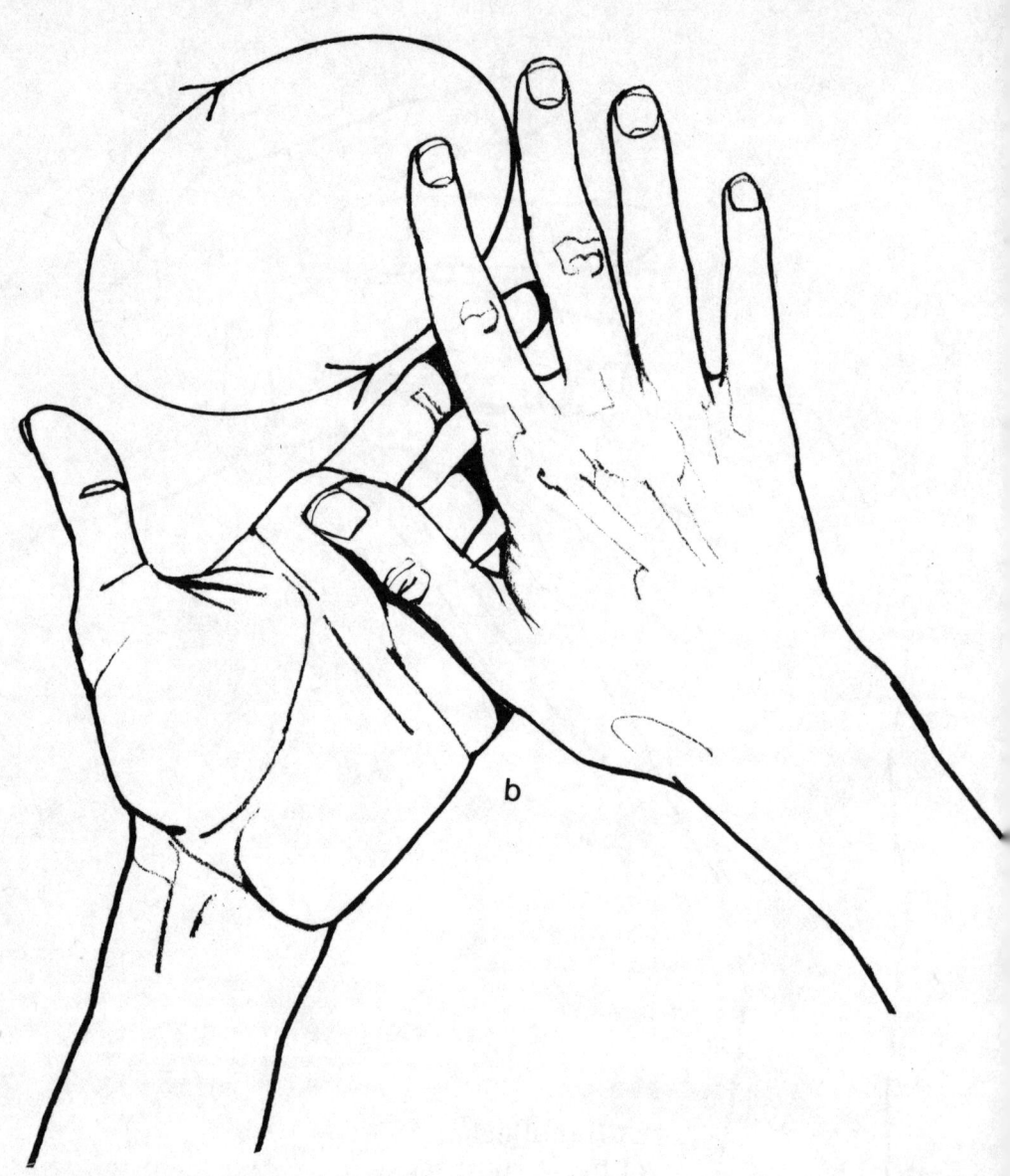

b

30 →

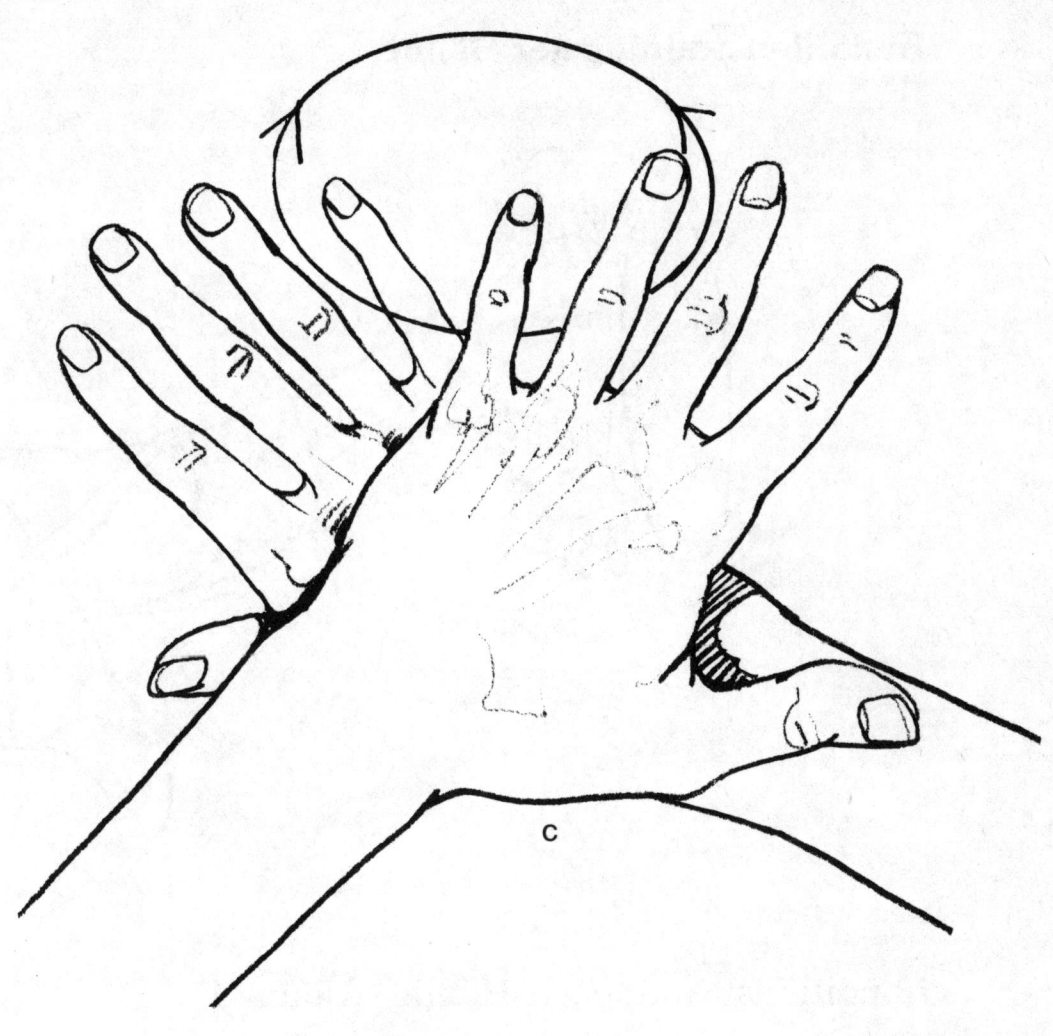

c

Konditionstraining der Hände

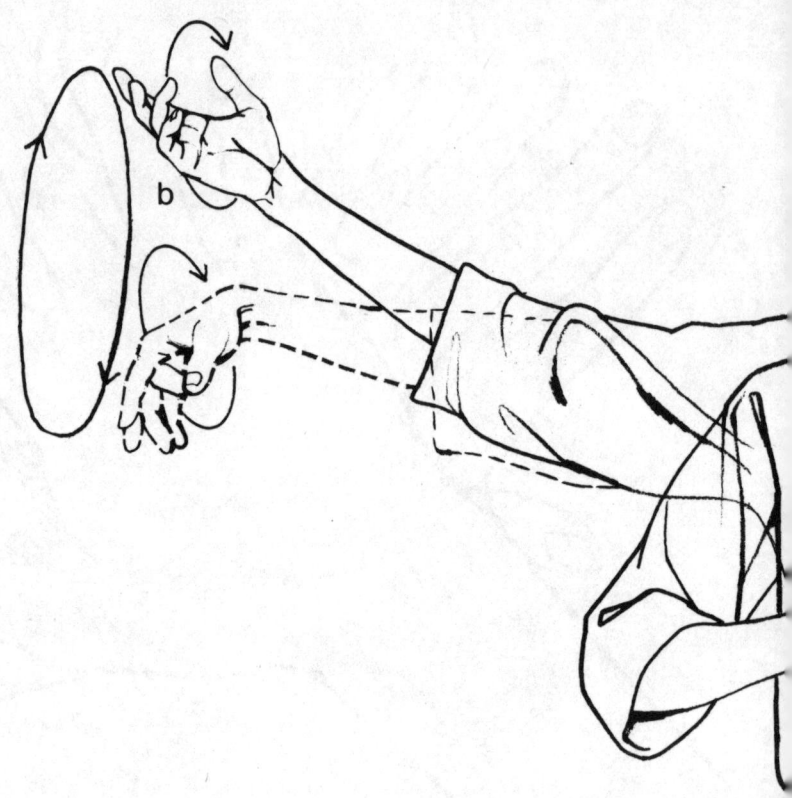

Konditionstraining der Hände · Übung 1

a)   Handgelenke vorwärts kreisen lassen (Handgelenke sind gelockert, Hände entspannt).
Dauer: 20 Sek. oder länger.

b)   (Noch während des Kreisens) gleiten die Arme langsam in die Waagerechte ... dann zurück zu Punkt a.
Dauer: 15 Sek. oder länger.

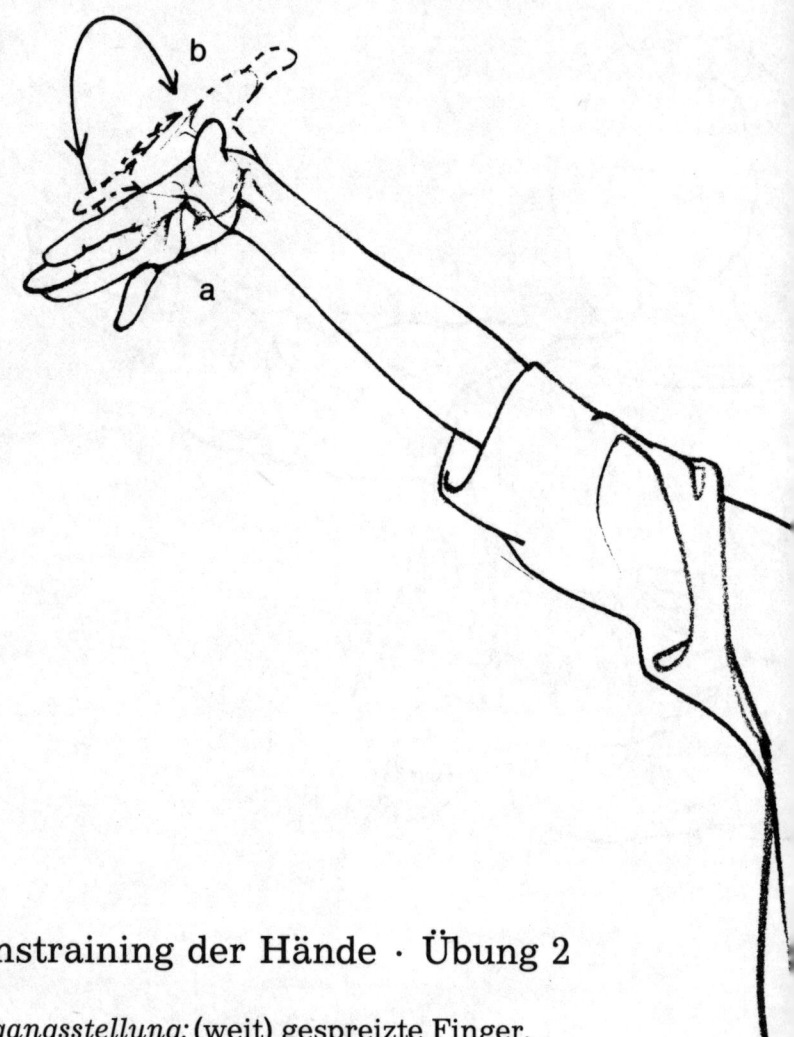

Konditionstraining der Hände · Übung 2

a + b) *Ausgangsstellung:* (weit) gespreizte Finger.
Vor und zurück (mehrfach wiederholen).
Rhythmus: 1 Übungseinheit pro Sek.
Dauer: ± 20 Sek.

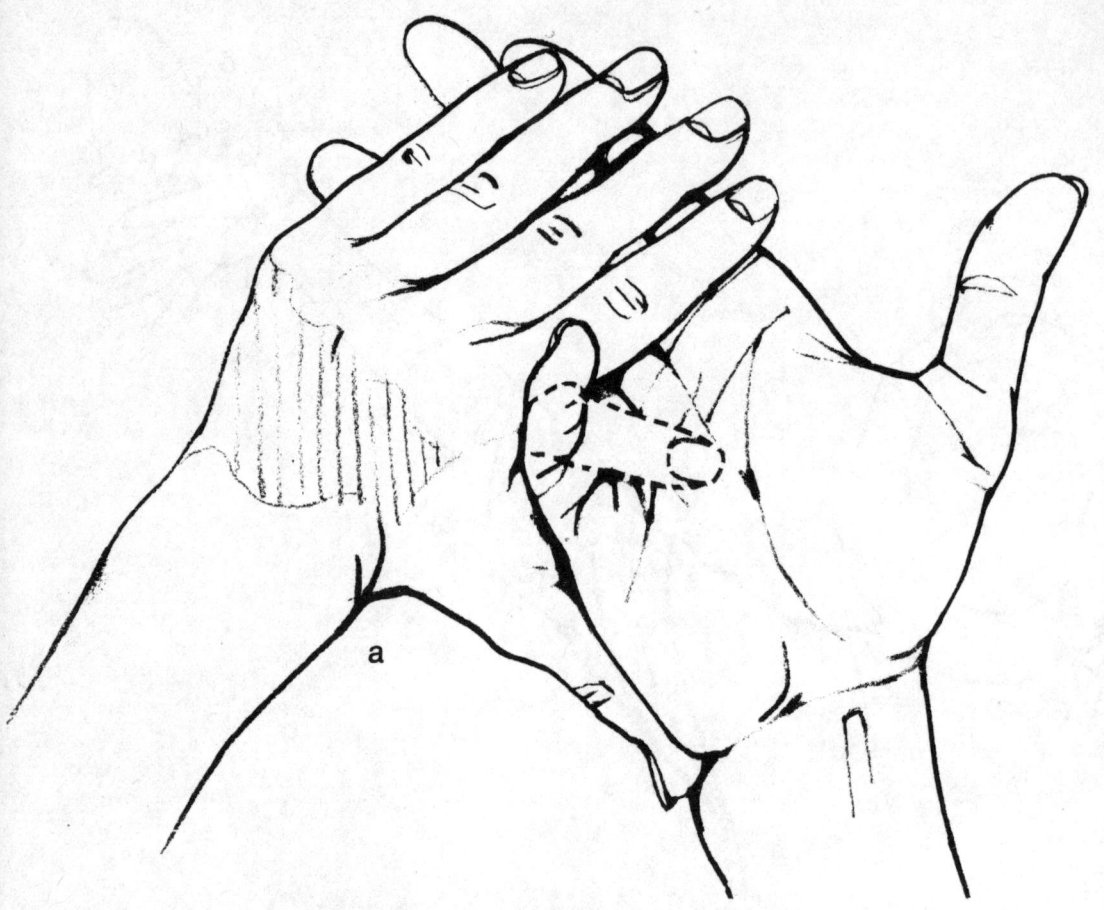

a

Konditionstraining der Hände · Übung 3

a) *Ausgangsstellung:* Kleiner Finger der rechten Hand wird durch sanften Druck des linken Zeigefingers aufgerichtet.
Kleinen Finger beugen und strecken (mehrfach wiederholen).

b – d) Das gleiche mit dem Ring-, dem Mittel- und dem Zeigefinger.

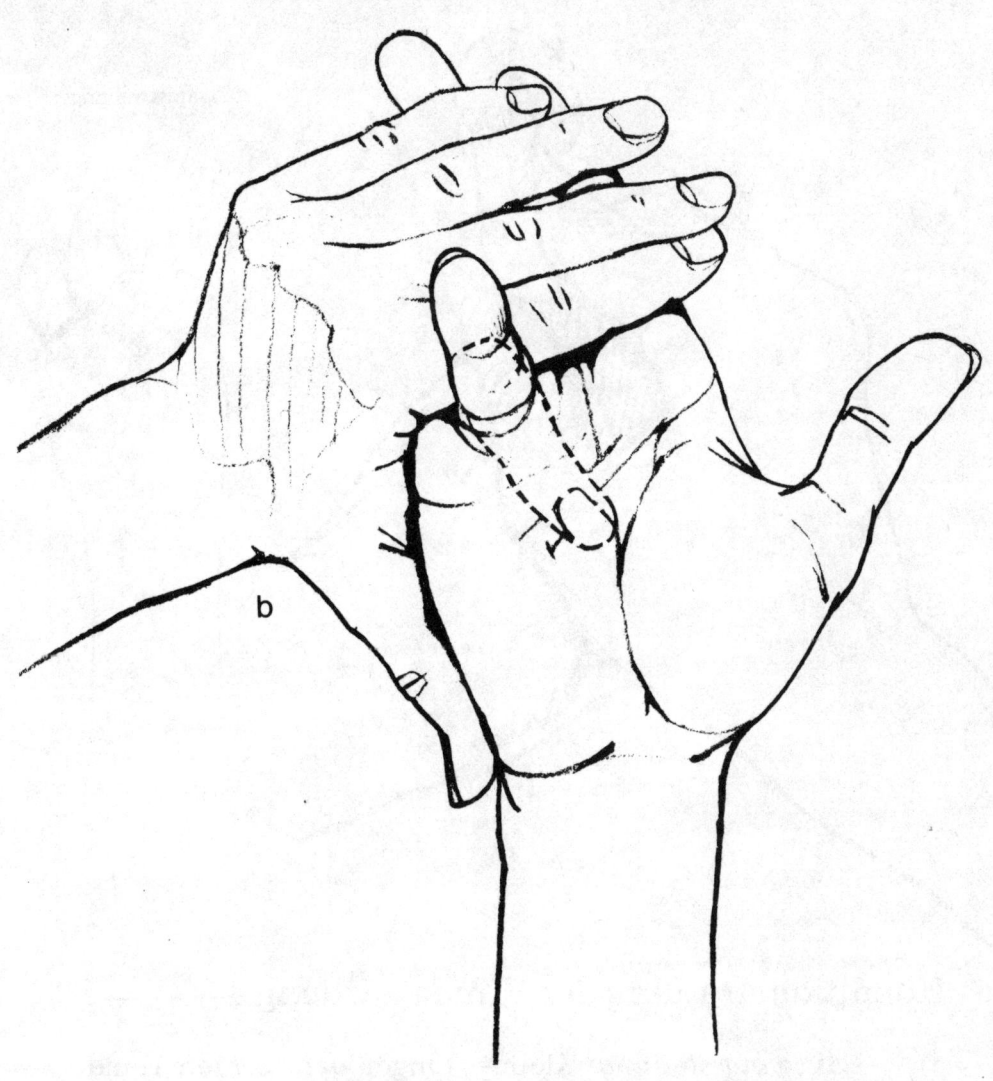

b

e – h) Das gleiche mit dem kleinen Finger, dem Ring-, dem Mittel- und dem Zeigefinger der linken Hand.
Rhythmus: 1 Sek. pro Beugen und Strecken.
Dauer: ± 10 Sek. pro Finger.

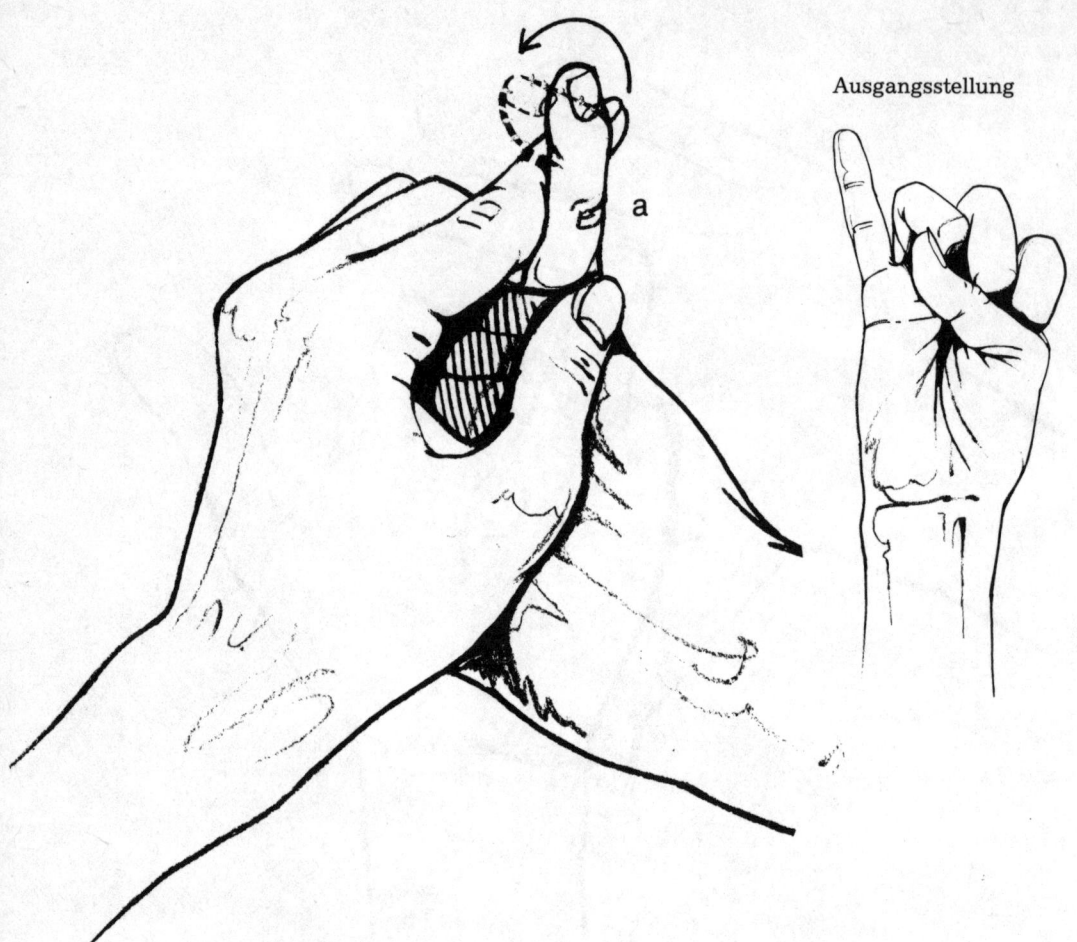

a

Konditionstraining der Hände · Übung 4 →→→→

a)   *Ausgangsstellung:* Kleiner Finger der rechten Hand ist gestreckt ... linker Zeigefinger liegt unter dem Nagelgelenk, linker Daumen liegt über dem Wurzelgelenk. Nagelglied beugen und strecken (mehrfach wiederholen).

b – d) Das gleiche mit dem Ring-, Mittel- und Zeigefinger.

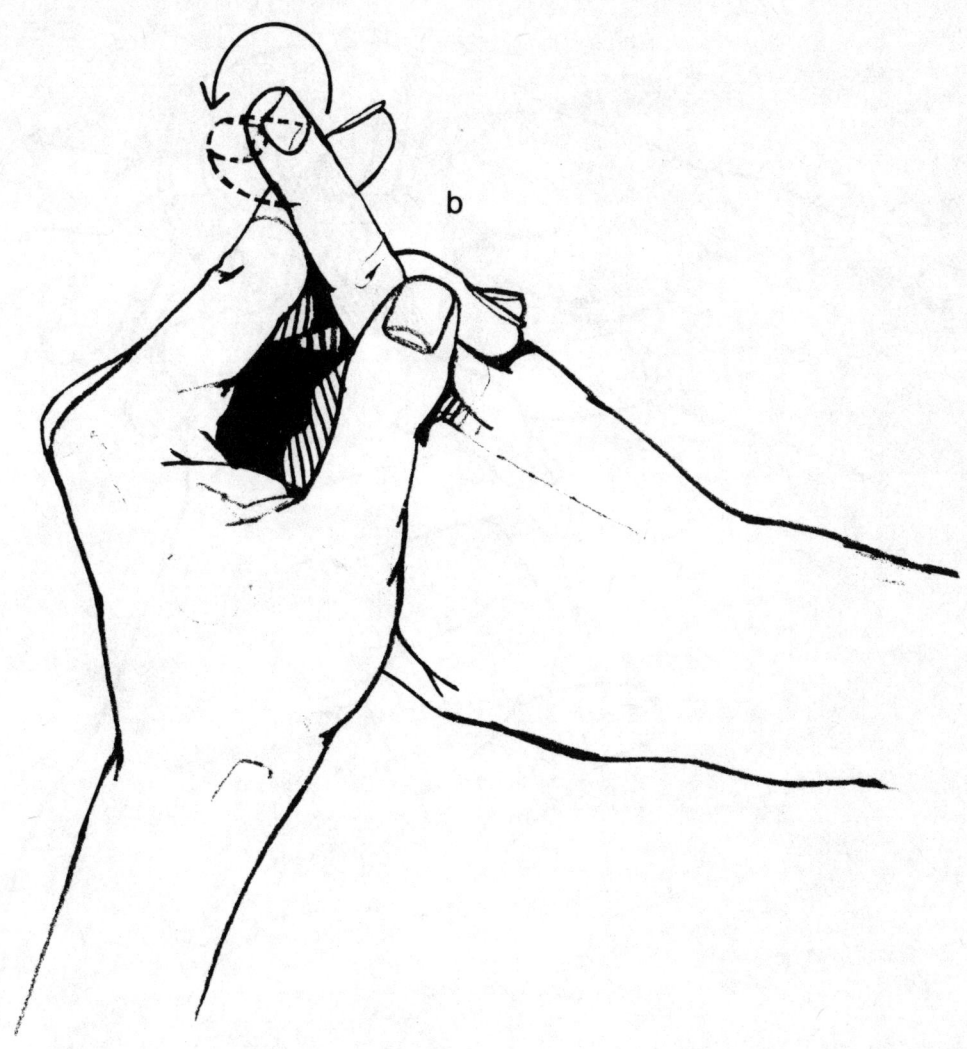

b

e – h) Das gleiche mit dem kleinen Finger, dem Ring-, Mittel- und Zeigefinger der linken Hand.
Rhythmus: 1 Sek. pro Beugen und Strecken.
Dauer: ± 10 Sek. pro Finger.

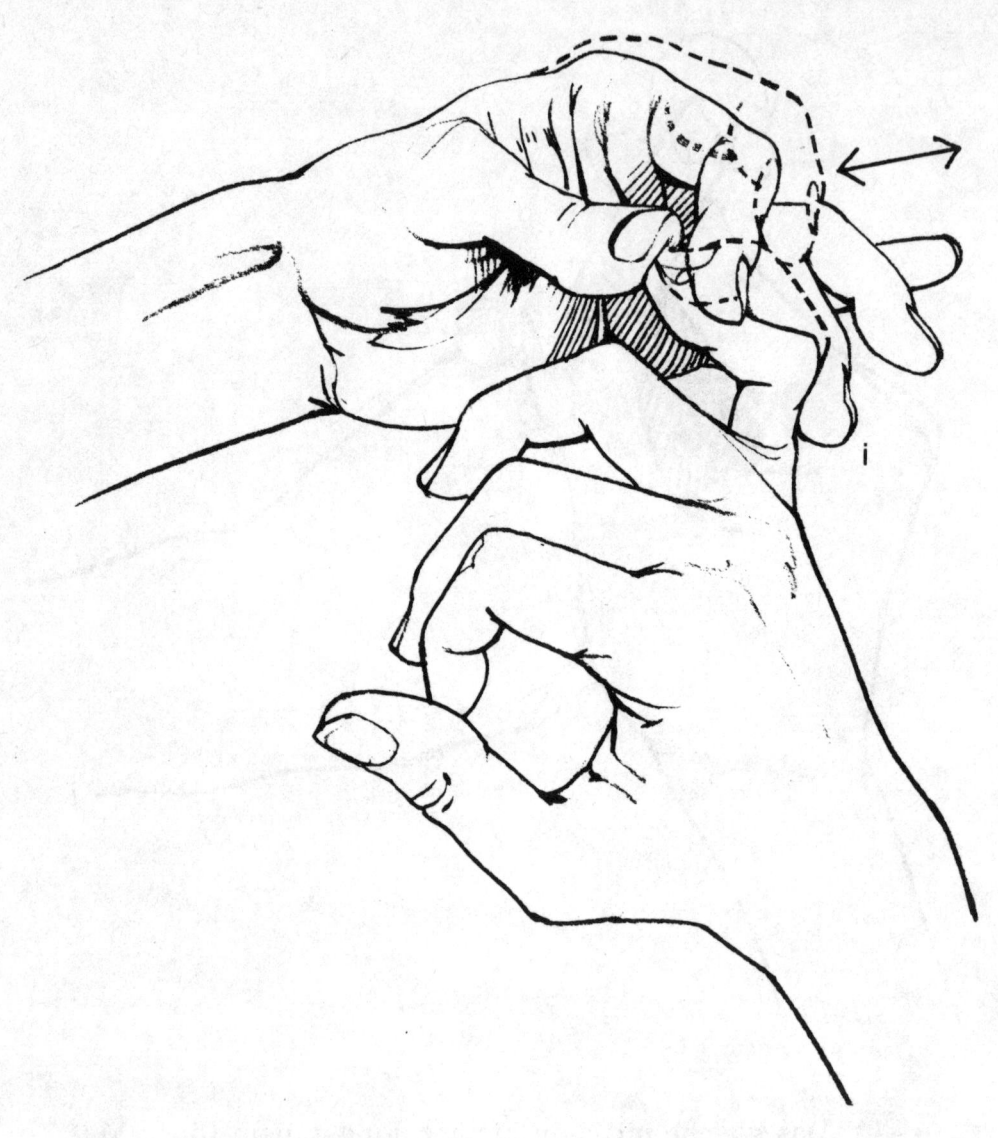

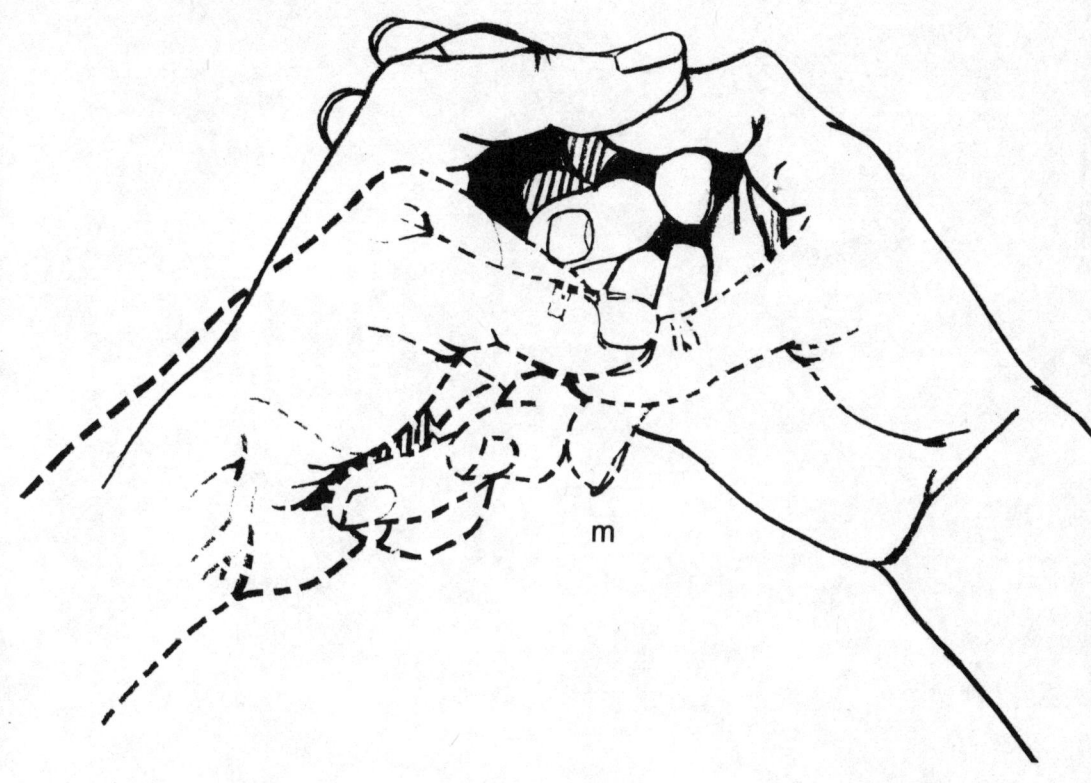

m

i) *Ausgangsstellung:* Linker Mittelfinger liegt auf dem Wurzelglied des kleinen Fingers, linker Daumen auf der Fingerspitze, linker Zeigefinger auf dem Nagelgelenk.

Nagelgelenk auf und ab bewegen (kleiner Finger ist entspannt; die Bewegungsenergie wird durch Daumen und Zeigefinger erzeugt; mehrfach wiederholen).

j – l) Die gleiche Übung mit dem Ring-, Mittel- und Zeigefinger wiederholen.

m) *Ausgangsstellung:* Rechte Daumenspitze liegt zwischen Daumen und Zeigefinger der linken Hand; Nagelgelenk des Daumens auf und ab bewegen (mehrfach wiederholen).

n)   (Angewinkelten) rechten Daumen zwischen Daumen
     und Zeigefinger der linken Hand halten ... und krei-
     sen lassen.
o – t) Das gleiche wie bei den Punkten i – n mit den Fingern
     und dem Daumen der linken Hand.
     Dauer: ± 10 Sek. pro Finger.

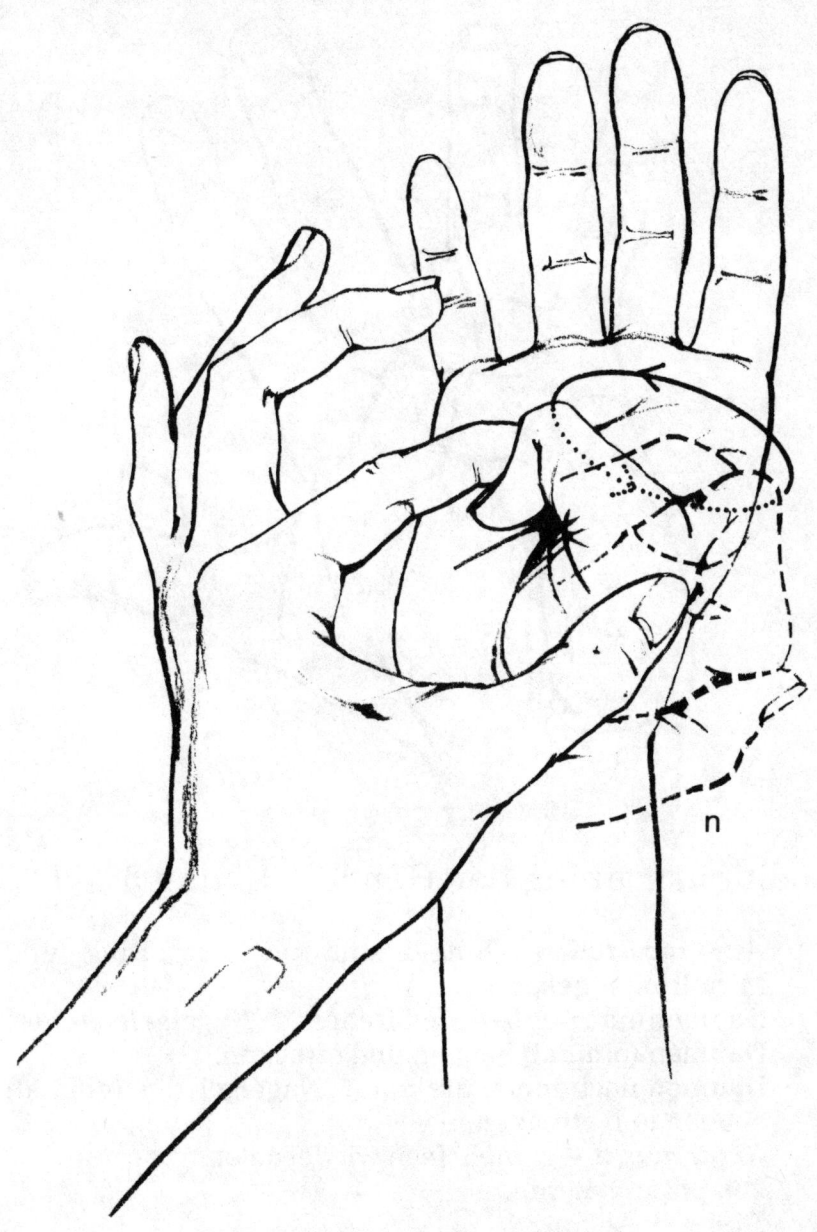

n

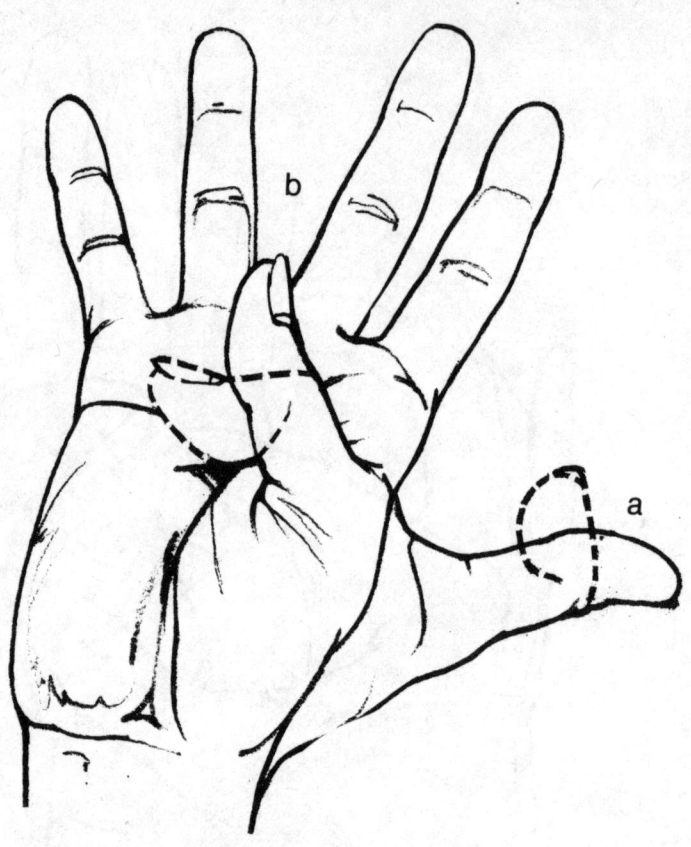

Konditionstraining der Hände · Übung 5 →

Ausgangsstellung: Finger sind gestreckt, Ring- und Mittelfinger gespreizt.

a) Daumen nach außen wegdrehen ... Nagelgelenke der Daumen (einmal) beugen und strecken.

b) Daumen nach innen drehen ... Nagelgelenke (einmal) beugen und strecken.

Rhythmus: a + b mehrfach wiederholen.

Tempo: angenehm.

Dauer: ± 20 Sek.

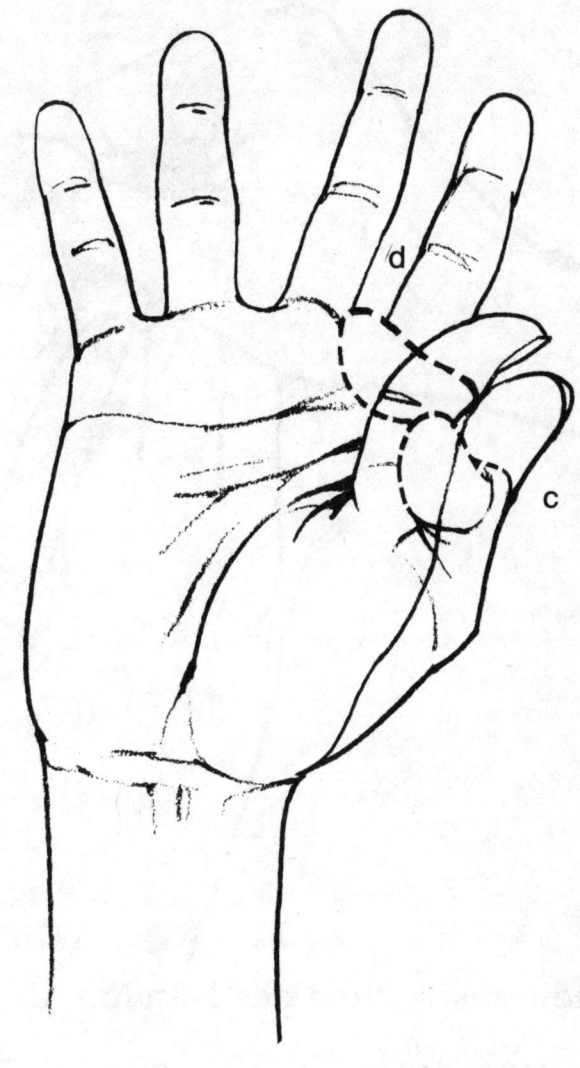

c + d) Die gleiche Fingerhaltung wie in Punkt a + b einneh-
men, jedoch die Daumen dabei auf und ab bewegen.

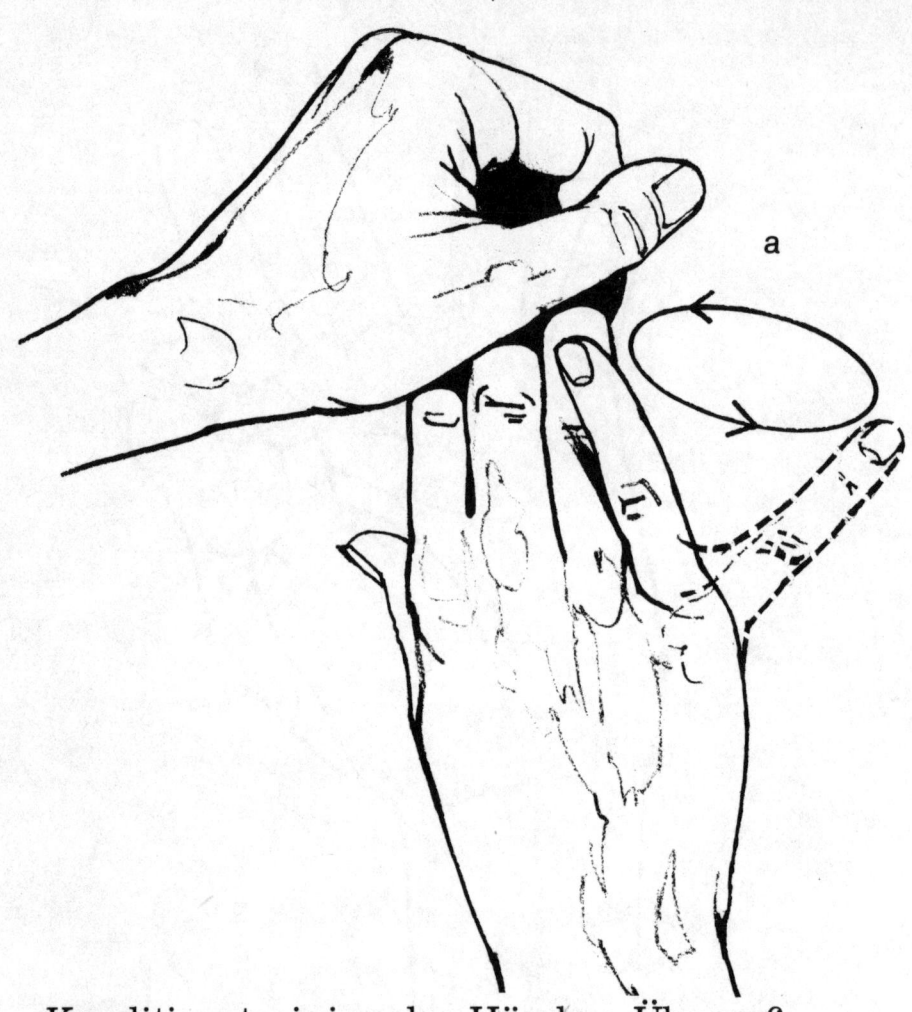

a

Konditionstraining der Hände · Übung 6

a – d) Mit den Fingern (aus dem Wurzelgelenk heraus) kreisende Bewegungen in beide Richtungen ausführen.
e – h) Das gleiche mit der linken Hand wiederholen.
Tempo: angenehm.
Dauer: ± 20 Sek. pro Finger (10 Sek. pro Richtung).

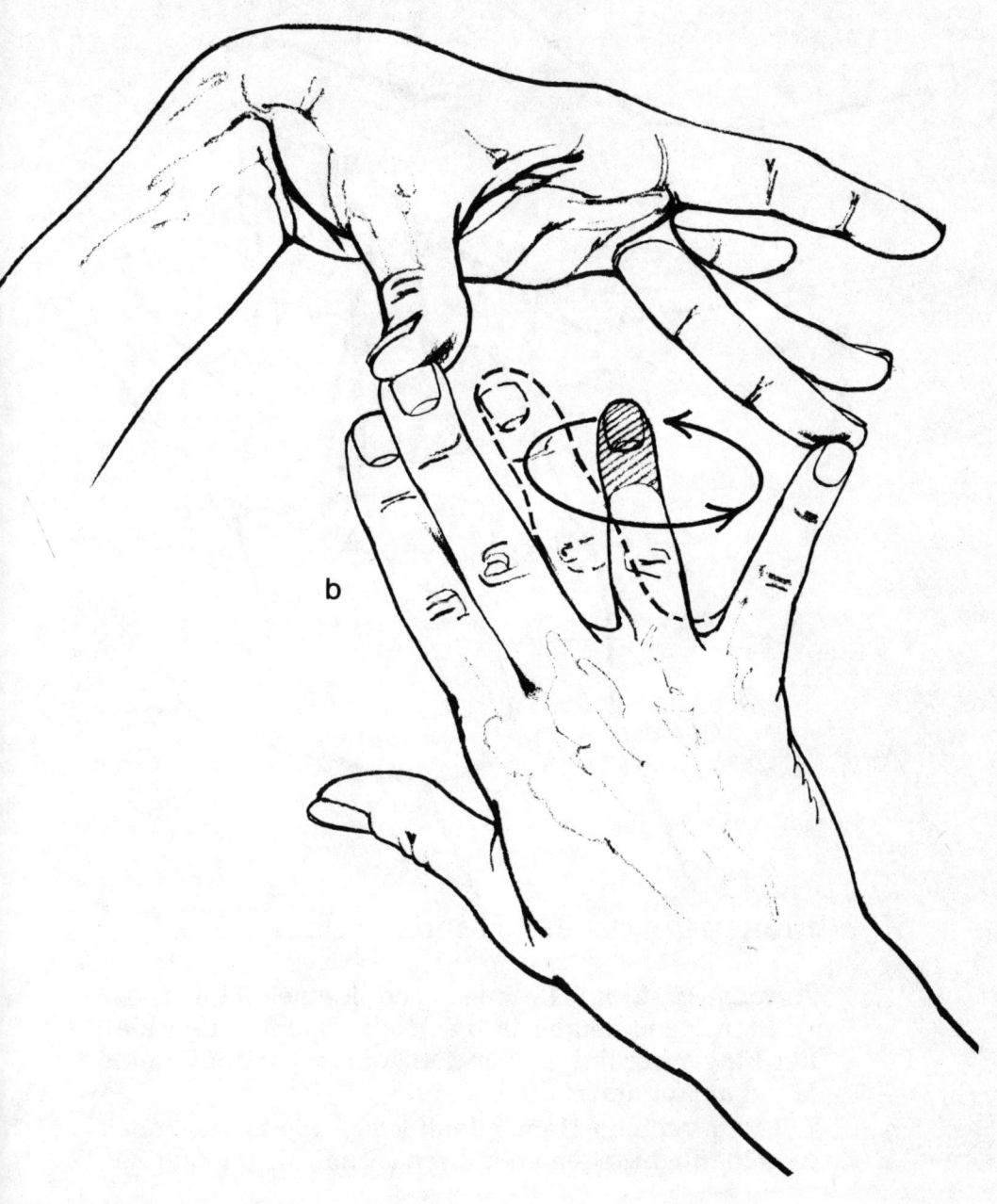

b

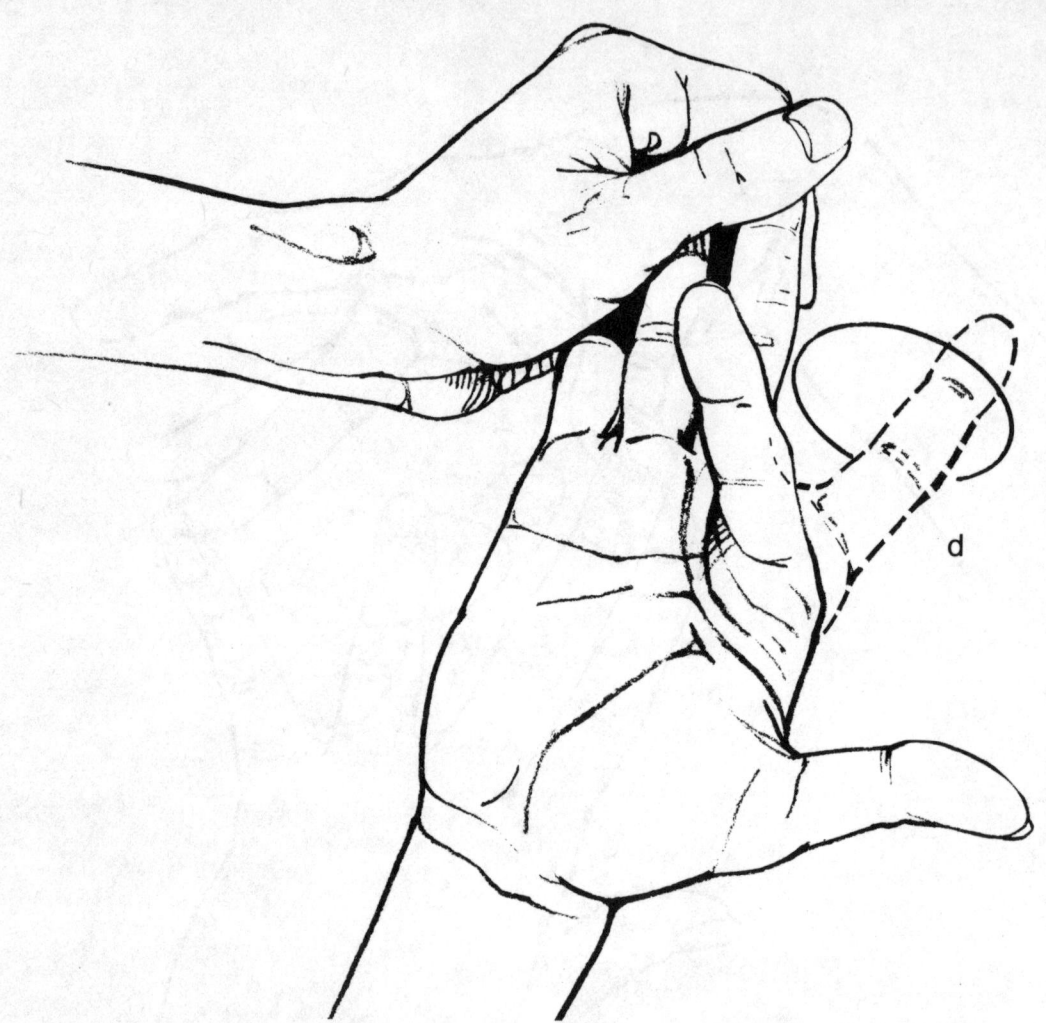

d

Konditionstraining der Hände · Übung 7 →

Ausgangsstellung: Daumen und kleiner Finger der rechten Hand zeigen in die Höhe, Daumen und kleiner Finger der linken Hand zeigen nach unten ... eine Hand umklammert die andere.

a)   Mit dem rechten Handgelenk kreisende Bewegungen in beide Richtungen ausführen (Ring-, Mittel- und Zei-

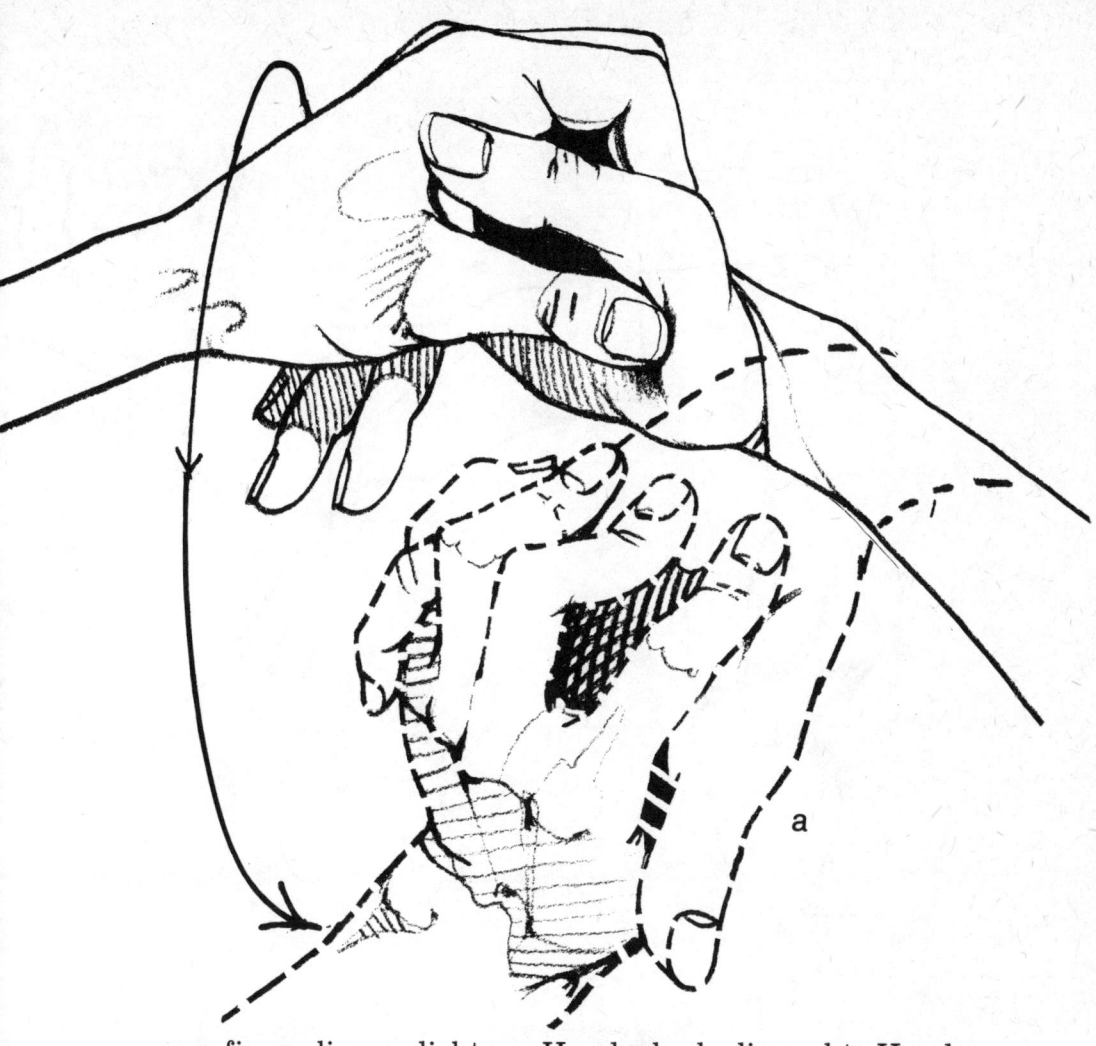

a

gefinger liegen dicht am Handgelenk; die rechte Hand
ist entspannt).

b)   Ring-, Mittel- und Zeigefinger zur Mitte des Handrük-
kens verschieben ... Kreiselbewegungen wieder aufnehmen.

c + d) Das gleiche mit der linken Hand wiederholen.
Tempo: angenehm.
Dauer: ± 10 Sek. pro Kreiselrichtung.

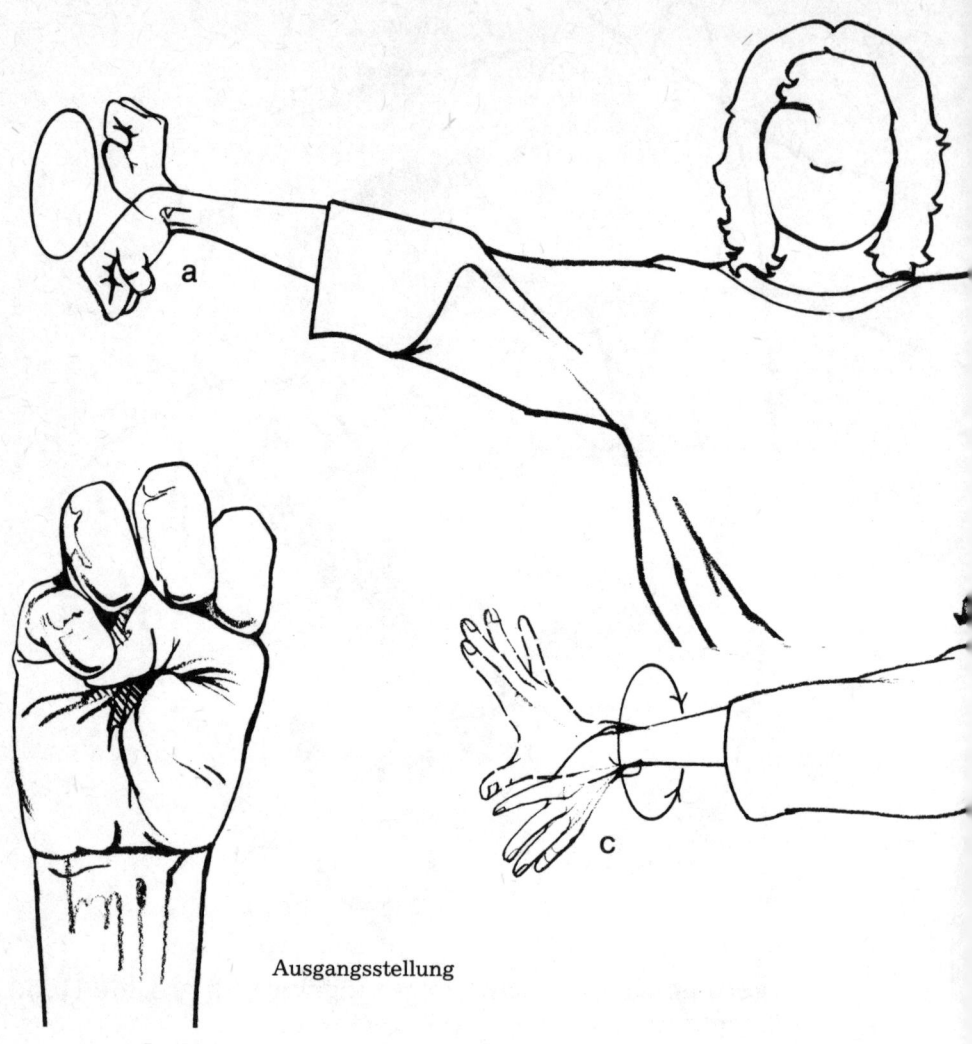

a

c

Ausgangsstellung

Konditionstraining der Hände · Übung 8

Ausgangsstellung: Gespreizte Arme ... Hände sind zur Faust geballt (Nagelgelenke liegen auf dem Daumen).

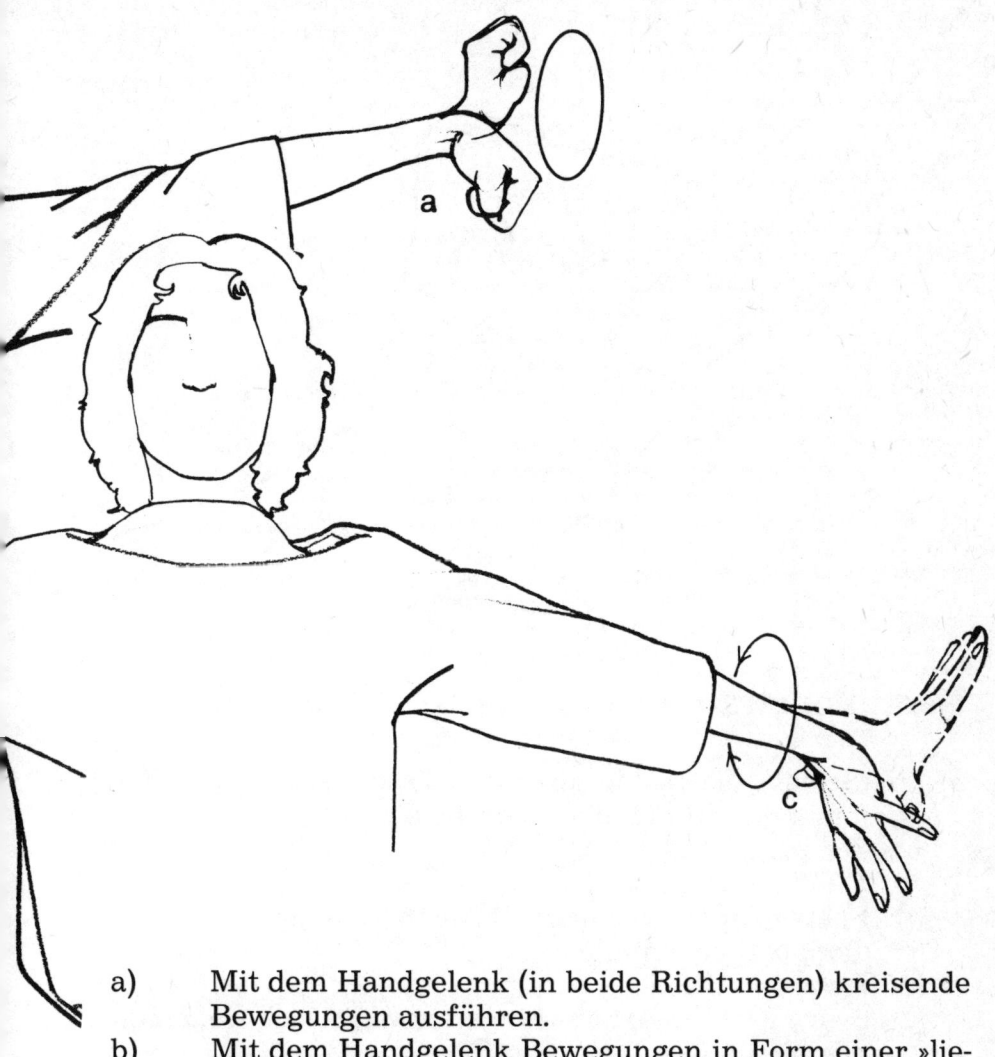

a)   Mit dem Handgelenk (in beide Richtungen) kreisende Bewegungen ausführen.

b)   Mit dem Handgelenk Bewegungen in Form einer »liegenden Acht« ausführen (in beide Richtungen).

c)   Hochgestreckte Hände (schnell) hin und her drehen.
Dauer: ± 10 Sek.

51 →

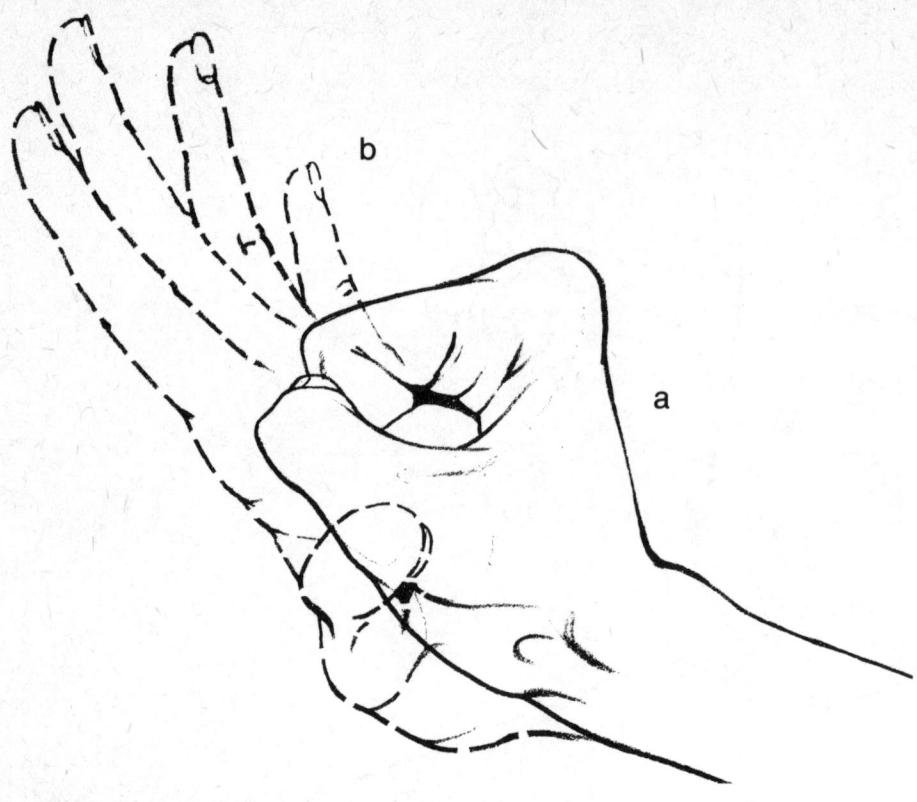

b

a

Konditionstraining der Hände · Übung 9

a + b) (Sowohl die rechte als auch die linke Hand) beugen
und strecken; ständig wiederholen.
Tempo: schnell.
Dauer: ± 15 Sek.

c – h) Fließender Übergang zur Wellenbewegung.
Tempo: angenehm.
Dauer: ± 15 Sek.
c – d – e – f – e – d usw. Finger bewegen sich wellenför-
mig hin und her.
Tempo: angenehm.
Dauer: ± 15 Sek.
Zurück zu c – h, dann wieder a + b.

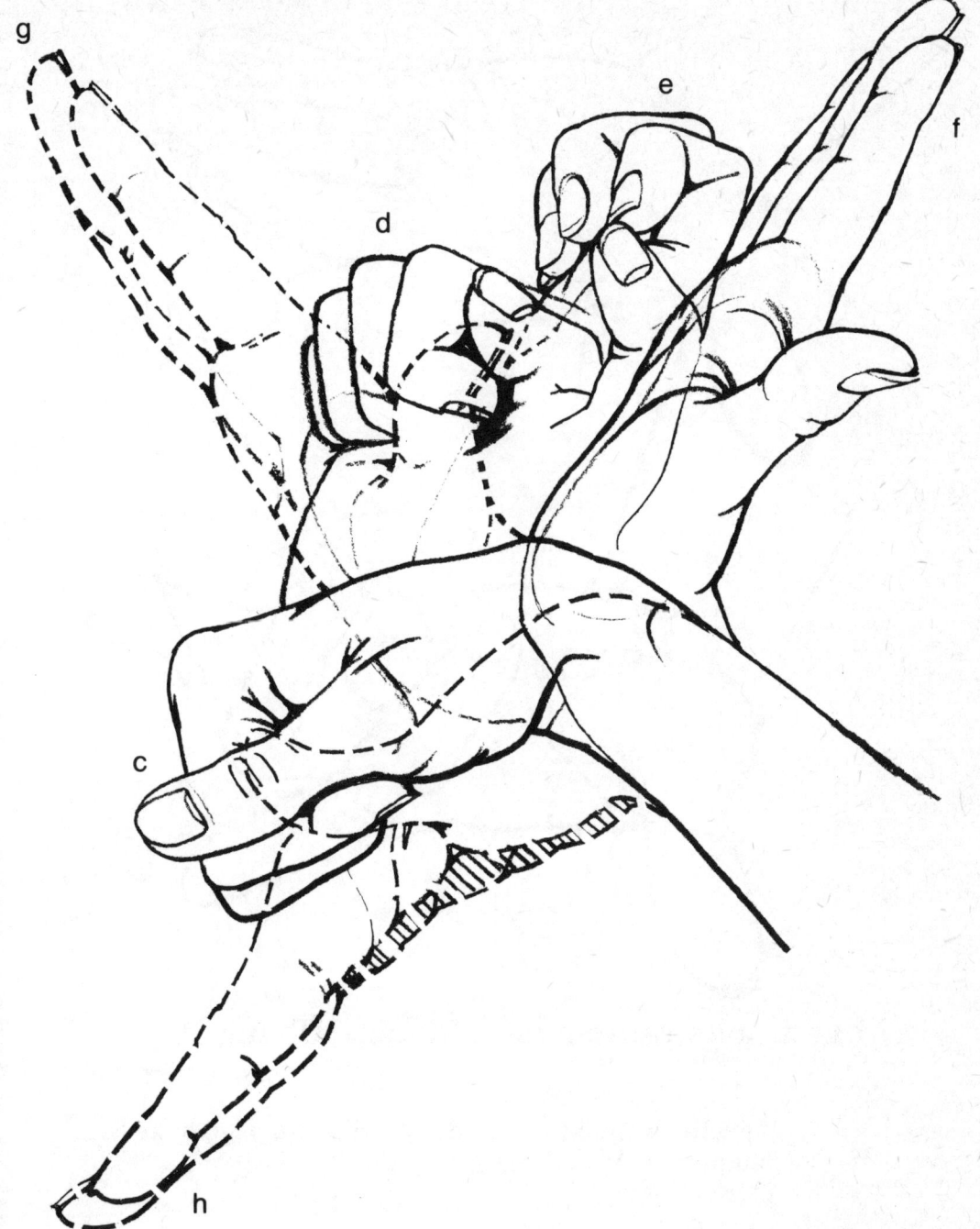

53

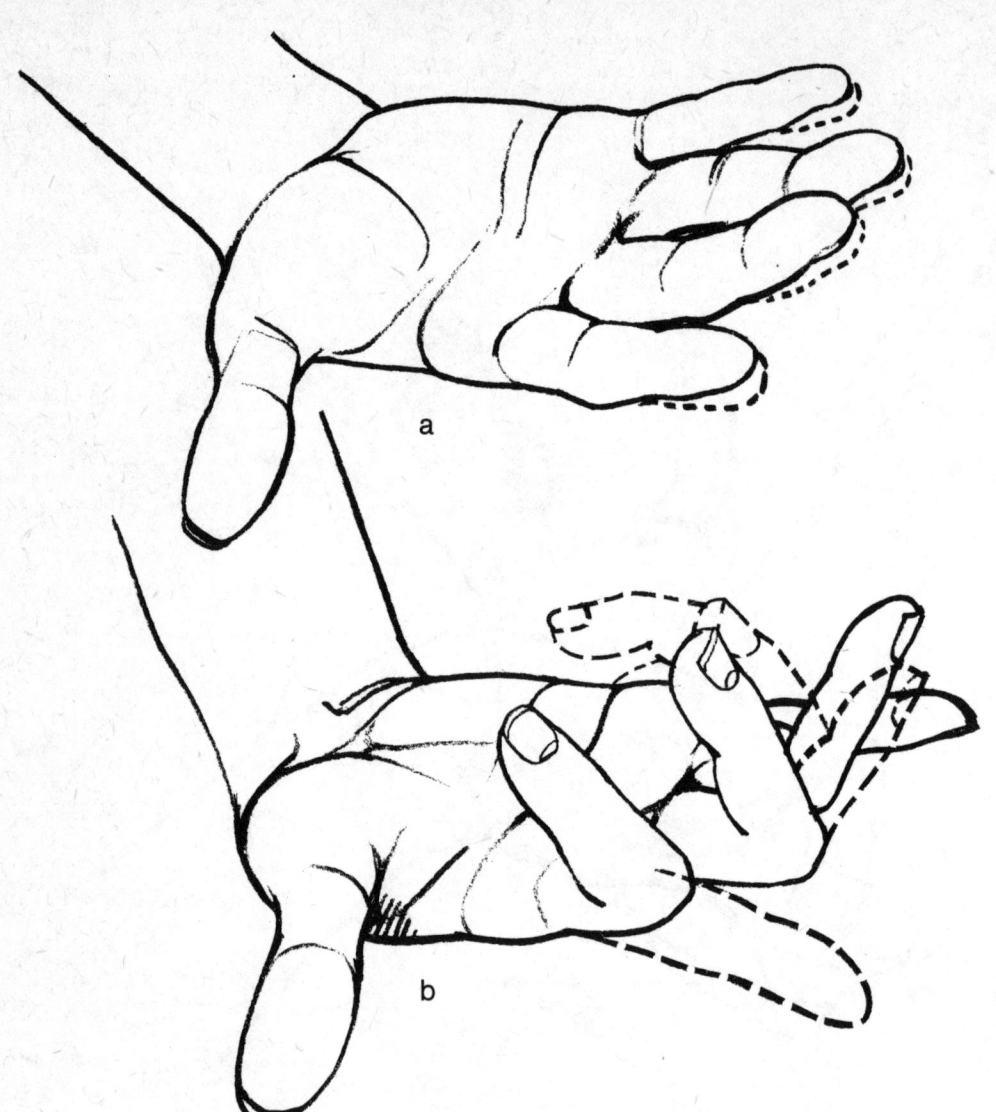

a

b

Konditionstraining der Hände · Übung 10

→ → → →

a)   Wellenbewegung wird durch die Nagelgelenke erzeugt.

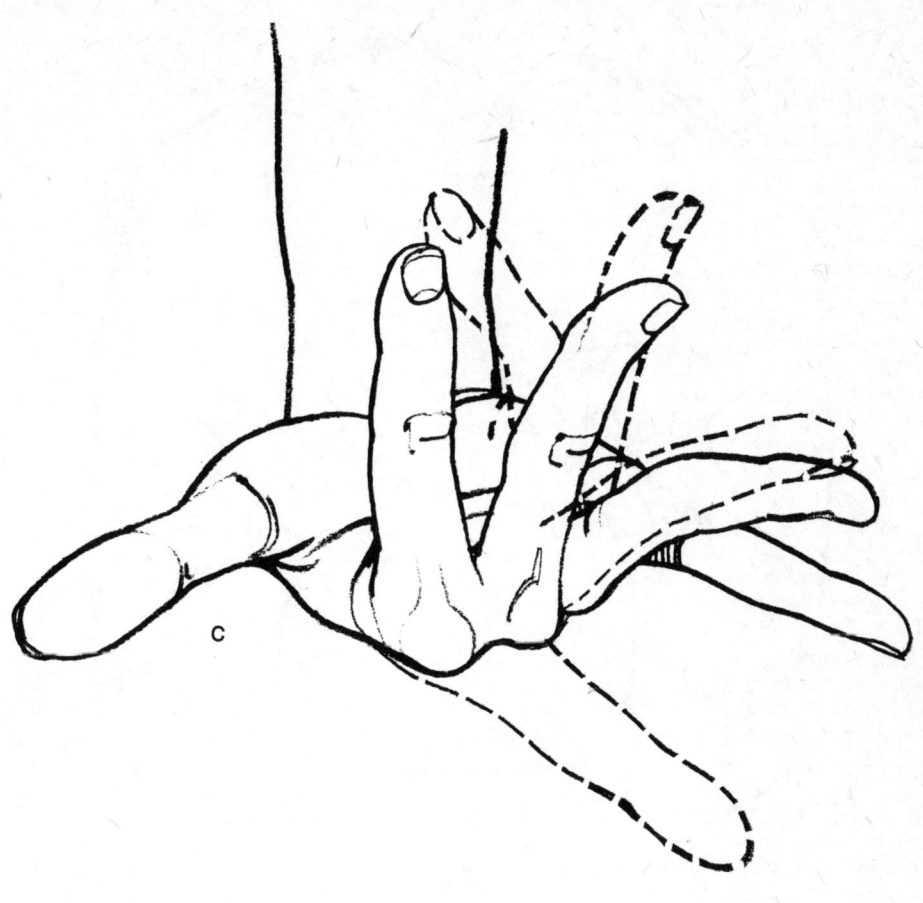

c

b)   (Übergang zur) Wellenbewegung durch die Mittelge-
lenke.

c)   (Übergang zur) Wellenbewegung durch die Wurzel-
gelenke.
Tempo: schnell.

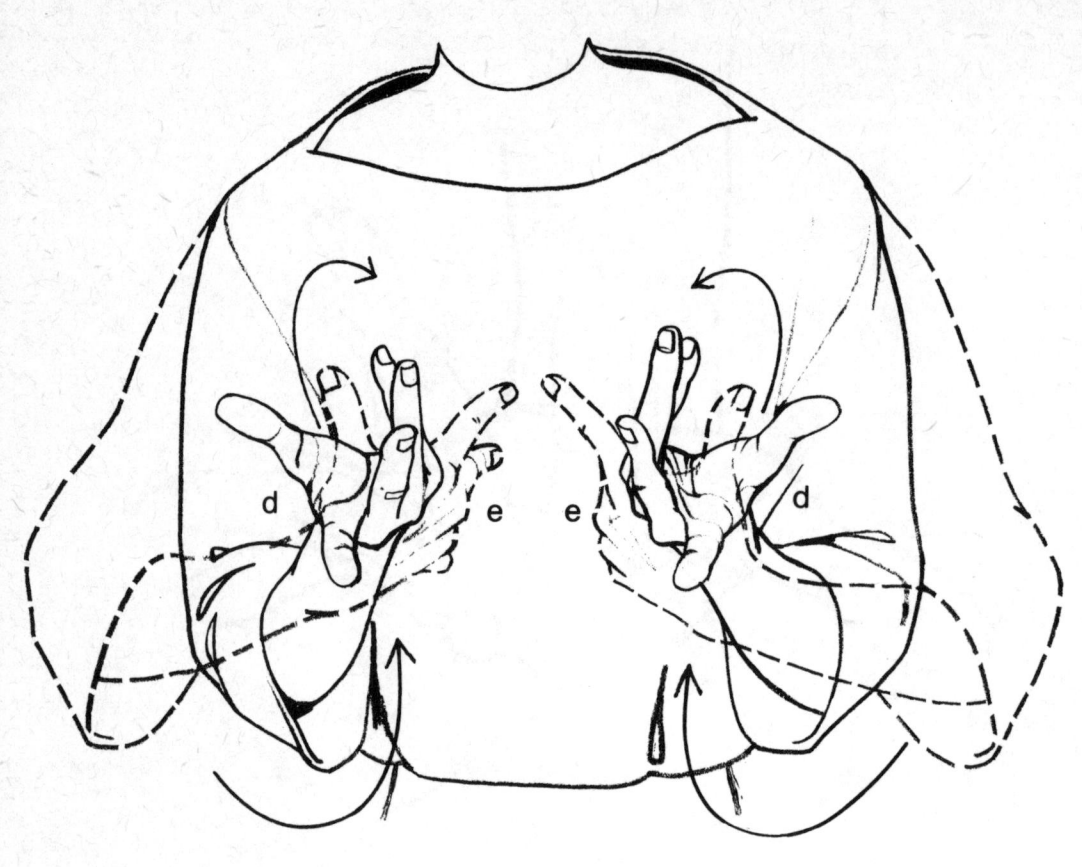

d – e – f – g – h – i – h – g – f – e usw.
Übergang zur achtförmigen Wellenbewegung durch
die Handgelenke.

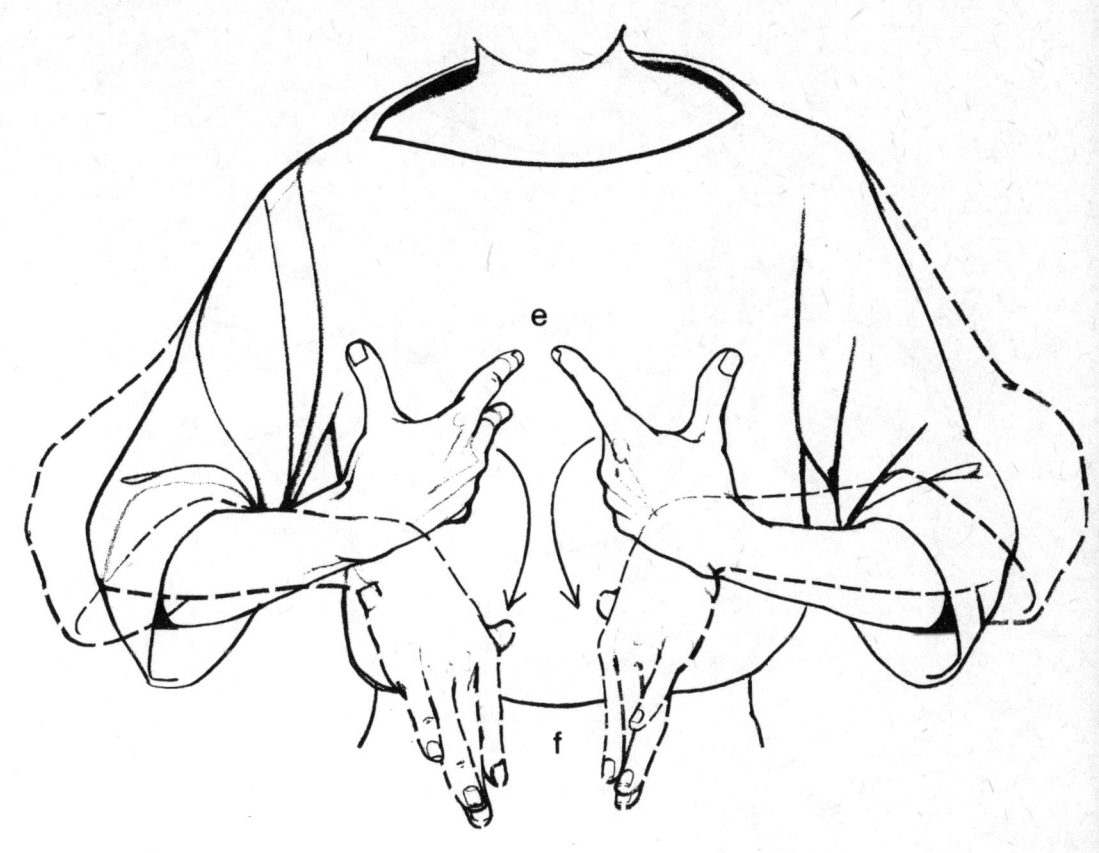

e

f

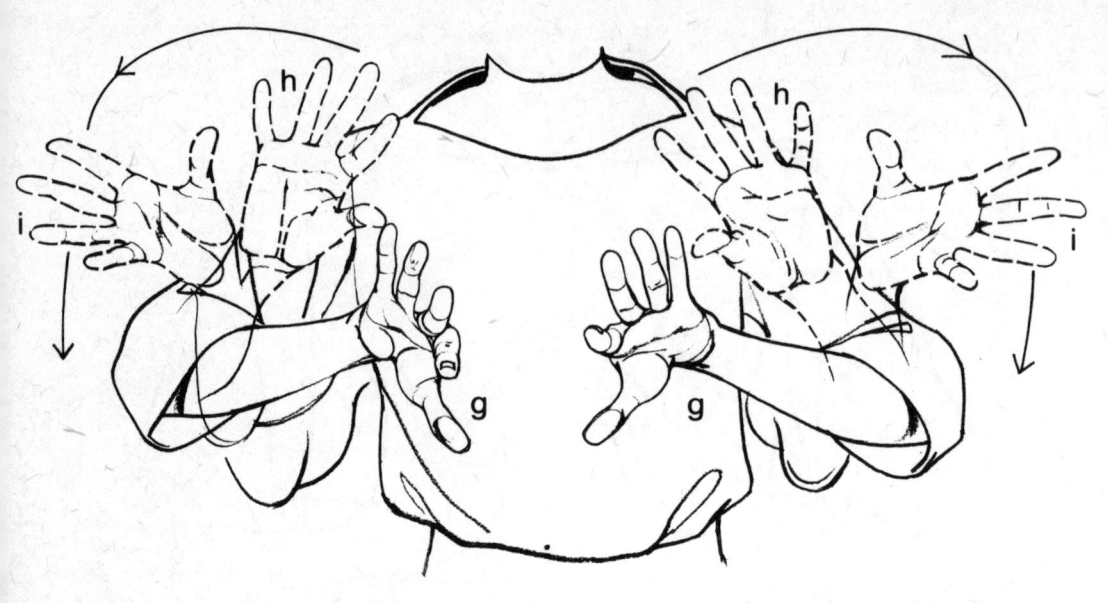

j)   Achtförmige Bewegung weiterführen, die Arme beschreiben dabei einen Kreis.

Tempo: achtförmige Bewegung schnell, Kreis langsam.

Zurück zu d – e – f – g – h – i – h – g – f – e usw., dann c,
dann b, dann a.

Dauer: unbegrenzt.

Wichtig: Lassen Sie den Daumen harmonisch mitschwingen ... Auch wenn sich in Punkt a die Nagelgelenke nicht wirklich bewegen, dann sollten Sie sich
zumindest auf die Fingerspitzen konzentrieren.

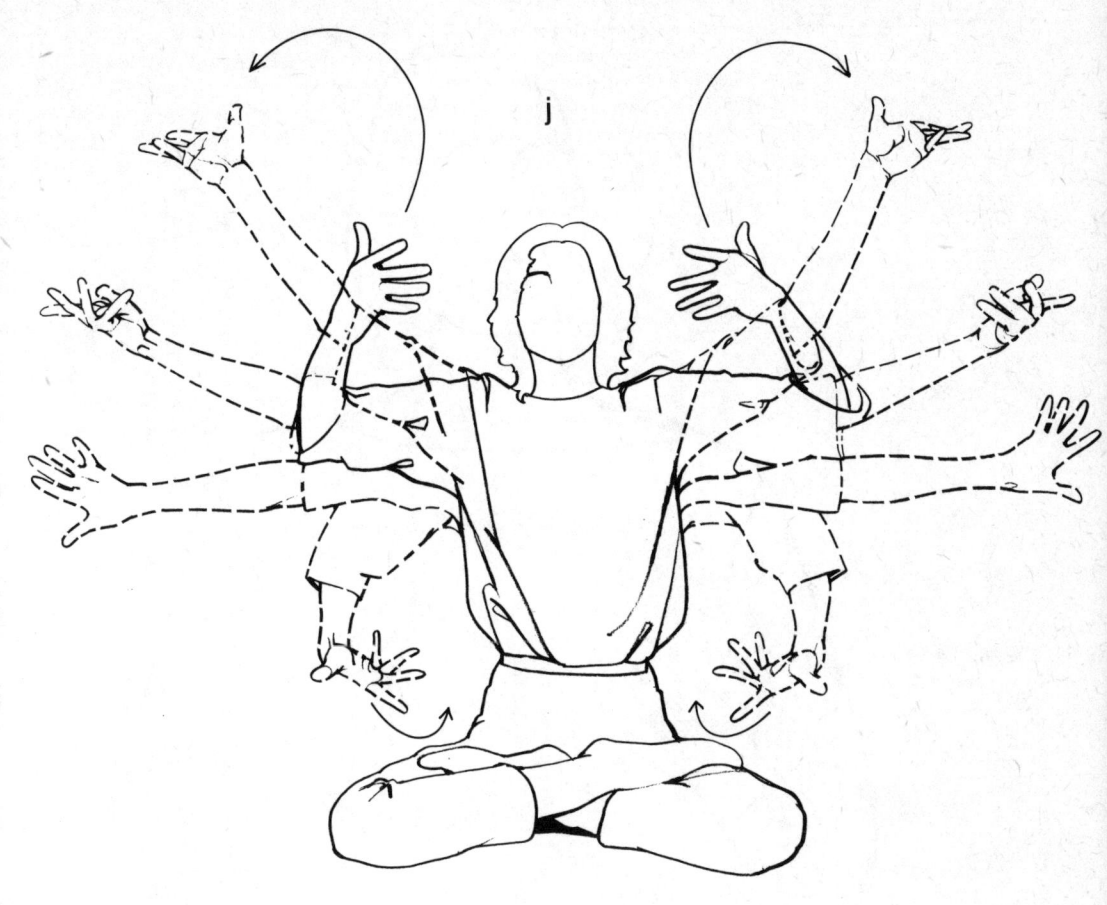

j

59

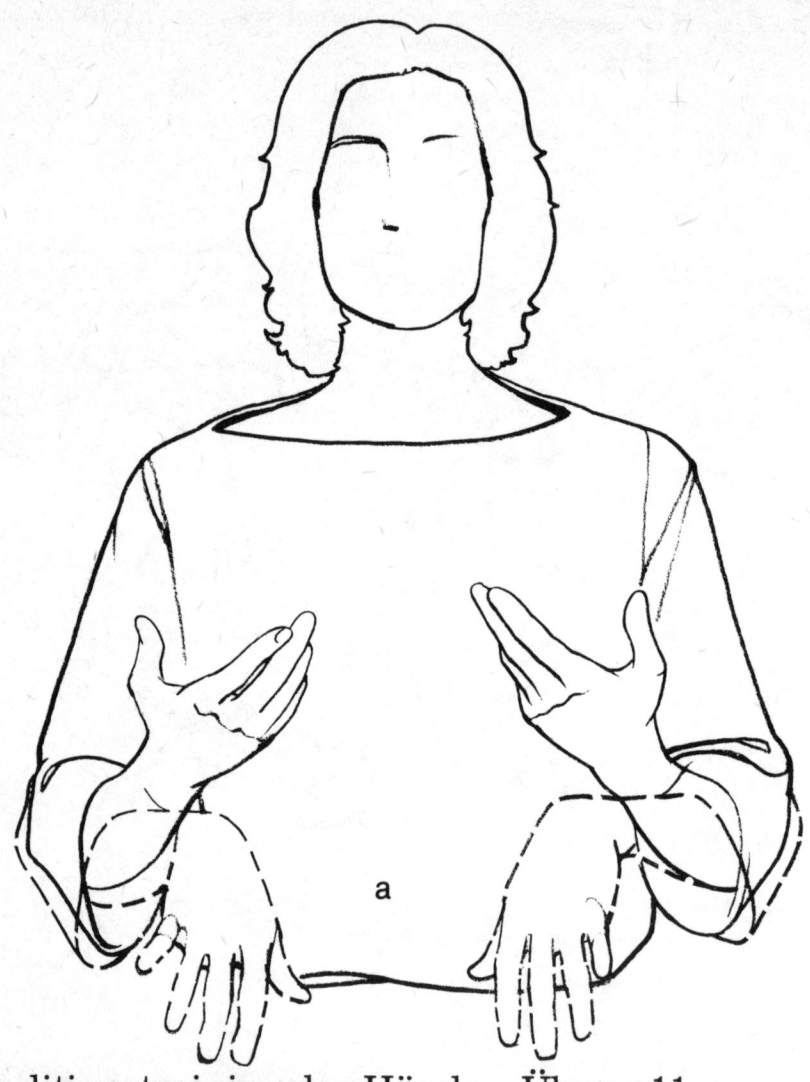

a

Konditionstraining der Hände · Übung 11 →→→

a) Mit entspannten Händen eine schnelle abwärtsgerich-
    tete *Schwingbewegung* ausführen (mehrfach wieder-
    holen).

b

b) Aufwärts und abwärts (mehrfach wiederholen).
    Rhythmus: zweimal pro Sek.
    Dauer: ± 15 Sek.

c + e

c)   Abwärtsgerichtete schnelle *Schwingbewegung* (zu beiden Seiten des Körpers; einmal).

d)   Rechte Hand nach vorne und linke Hand nach hinten
schwingen (einmal).

e)   Wiederholung von Punkt c.

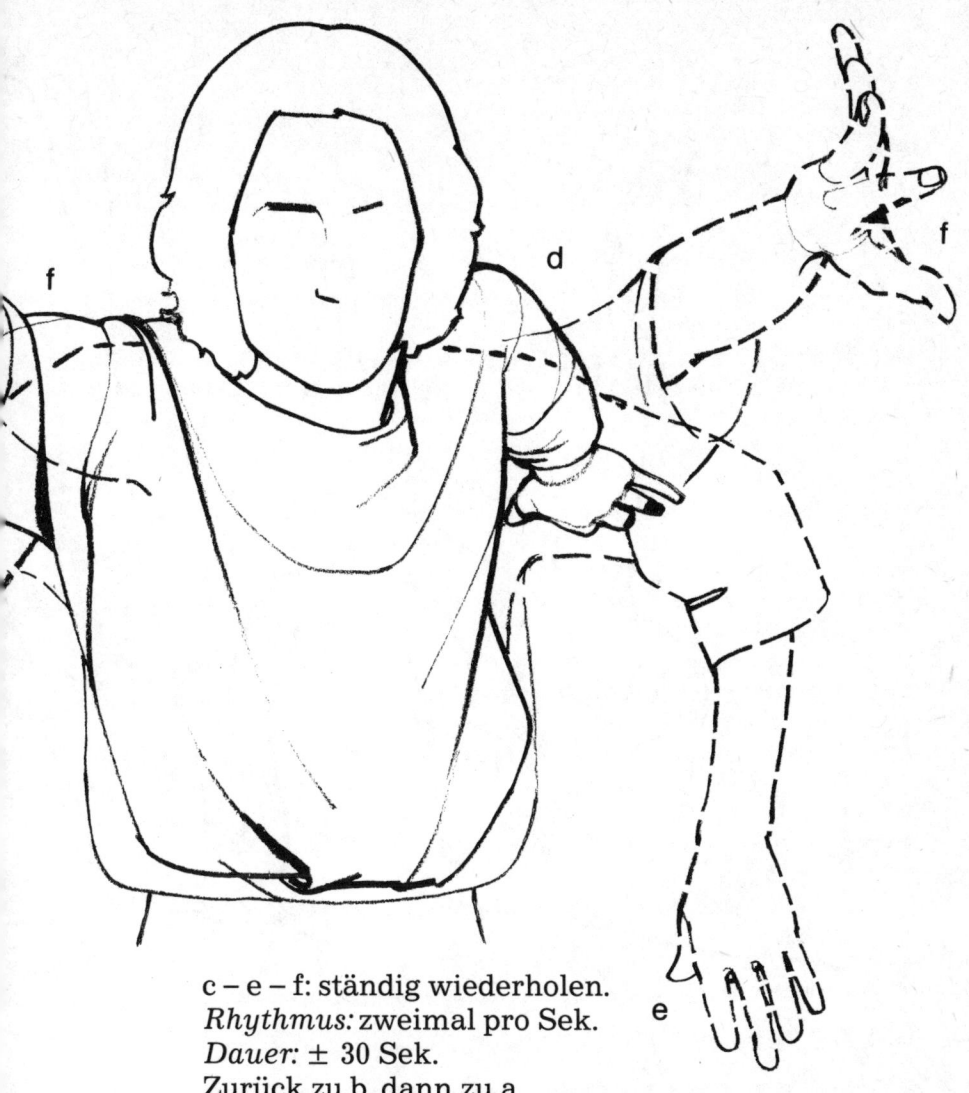

c – e – f: ständig wiederholen.
Rhythmus: zweimal pro Sek.
Dauer: ± 30 Sek.
Zurück zu b, dann zu a.
Wichtig: Lassen Sie beide Hände wie eine Peitsche schwingen (dazu müssen sowohl die Handgelenke als auch die Finger entspannt bleiben).

f)   Linke Hand nach vorne und rechte Hand nach hinten schwingen (einmal).

Konditionstraining der Hände · Übung 12

a) Arme befinden sich in der Waagerechten... Finger sind gespreizt (kleine Finger zeigen in die Höhe, Daumen nach unten).
Tief einatmen... Atem anhalten, alle Muskeln im Körper anspannen... ausatmen, Muskeln entspannen (Arme bleiben ausgestreckt)... die ganze Übung dreimal durchführen.

b) Die (ausgestreckten) Arme langsam heben, bis sich die Hände berühren.
Tempo: äußerst langsam.

c) Hände nach unten *ziehen* (mit leichtem, selbsterzeugtem Gegendruck).
Tempo: äußerst langsam.

d) Nagelgelenke anwinkeln (ist nicht unbedingt notwendig, jedoch effektiver)... Hände gegeneinanderpressen... und noch einmal alle Muskeln im Körper anspannen.

e) Völlig entspannen.

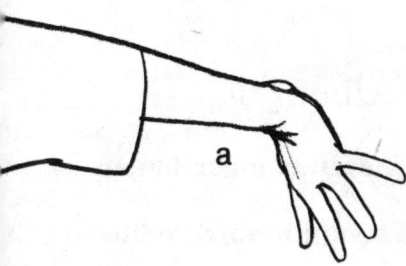

Konditionstraining der Arme

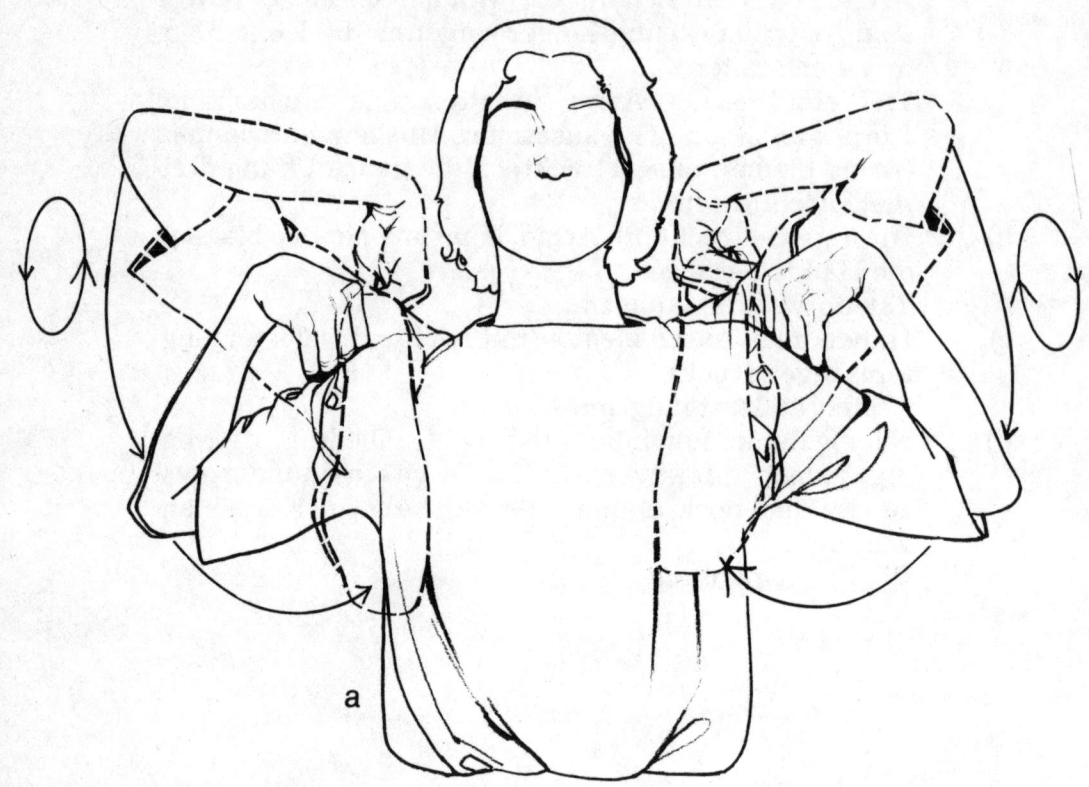

a

Konditionstraining der Arme · Übung 1 →→

a)   Schultern nach hinten kreisen lassen (Finger liegen
     auf dem Schultergelenk auf).
b)   Schultern nach vorne kreisen lassen (mit aufgerichte-
     ten Handflächen).
     Tempo: angenehm.
     Dauer: ± 10 Sek. pro Bewegungsrichtung.

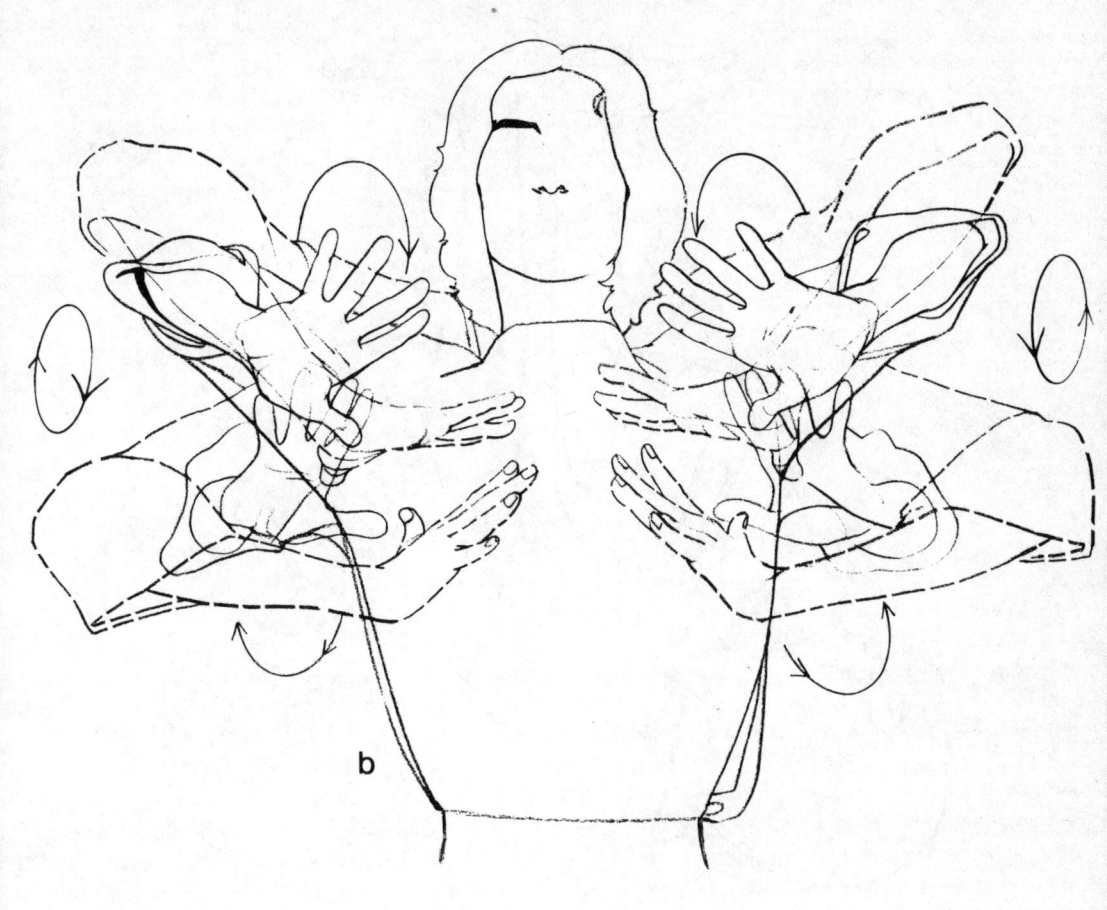

b

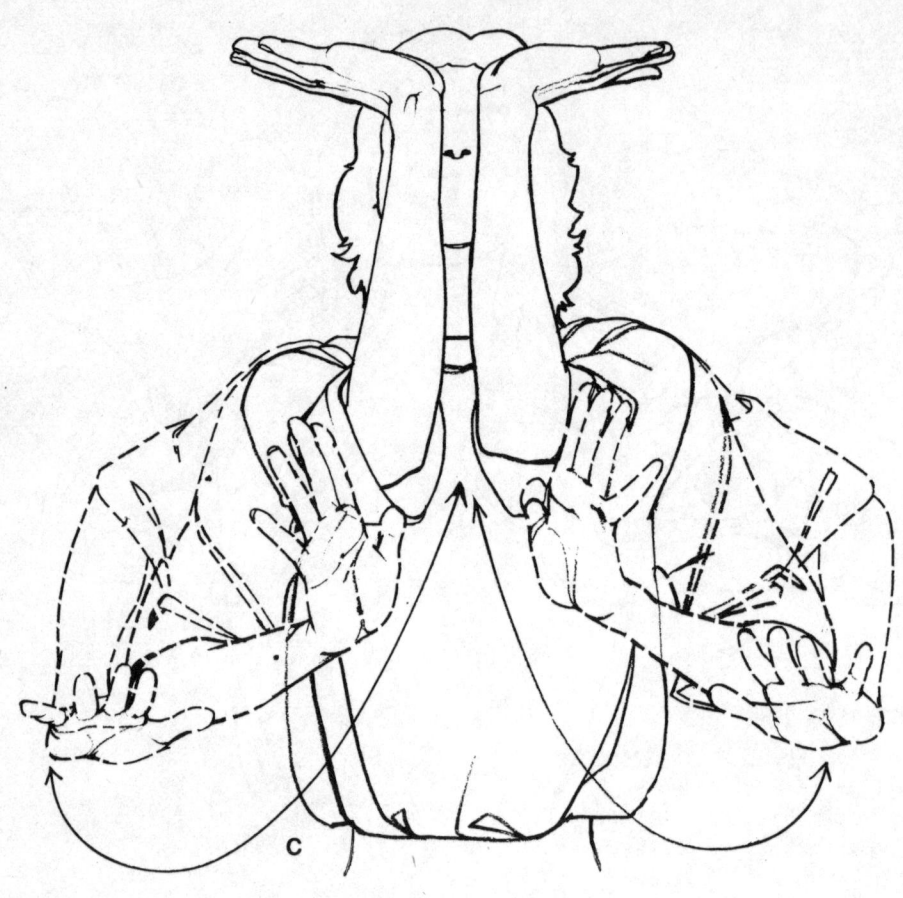

c)   Pendelbewegung (mit aufgerichteten Handflächen).
Rhythmus: einmal auf und ab pro Sek. (oder etwas schneller).
Dauer: ± 20 Sek.

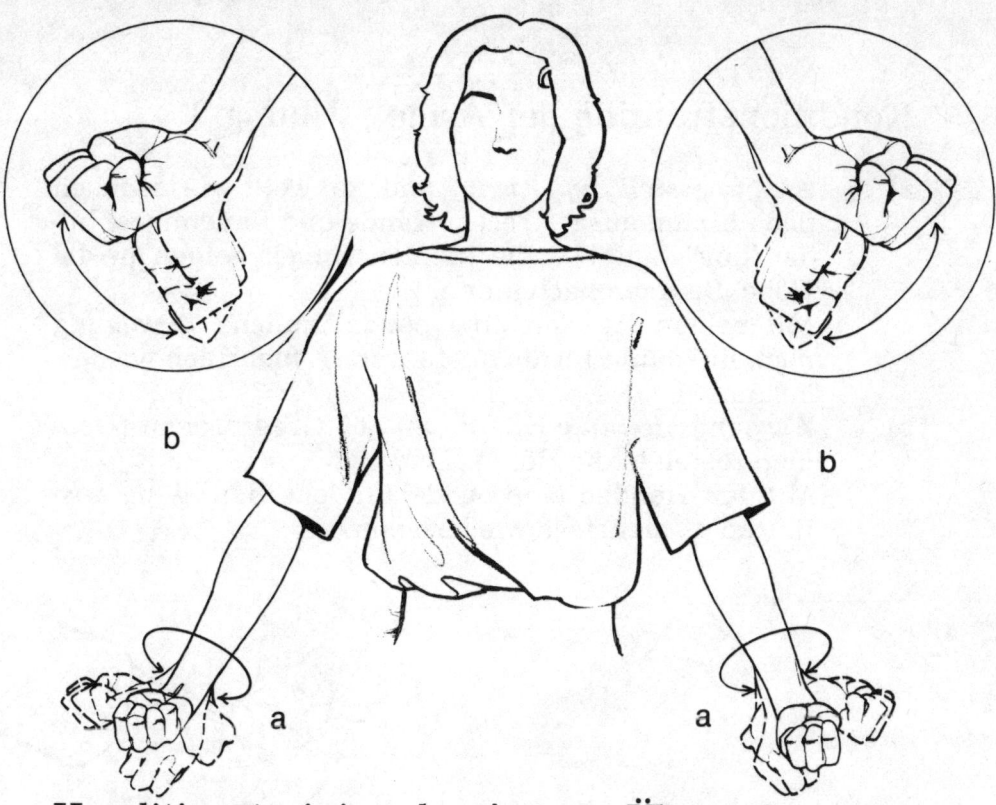

b   b

a   a

Konditionstraining der Arme · Übung 2

a)   (Die nach vorne gebogenen) Fäuste nach außen drehen.

b)   (Aus der Endstellung) Fäuste herabsinken lassen ... und wieder nach vorne biegen.

c)   Fäuste nach innen drehen.

d)   (Aus der Endstellung) Fäuste herabsinken lassen ... dann wieder nach vorne biegen.

         a – d: mehrfach wiederholen.

         Tempo:

         a + b: 1 Sek ... c + d: 1 Sek.

e – h)   Das gleiche mit gestreckten Fingern wiederholen.

         Dauer: abhängig von der eigenen Geschicklichkeit (die Unterarmmuskeln nicht überanstrengen).

Konditionstraining der Arme · Übung 3 →→

a) *Ausgangsstellung:* Arme sind so weit wie möglich nach hinten ausgestreckt (Hände und Bauchnabel bilden eine Linie) ... die kleinen Finger zeigen in die Höhe, Daumen nach unten.
Mit beiden Händen eine pendelähnliche Bewegung nach links und rechts ausführen ... mehrfach wiederholen.

b) *Ausgangsstellung:* Hände um 360 Grad drehen (Daumen zeigen in die Höhe).
Mit den Händen eine pendelähnliche Bewegung ausführen ... mehrfach wiederholen.

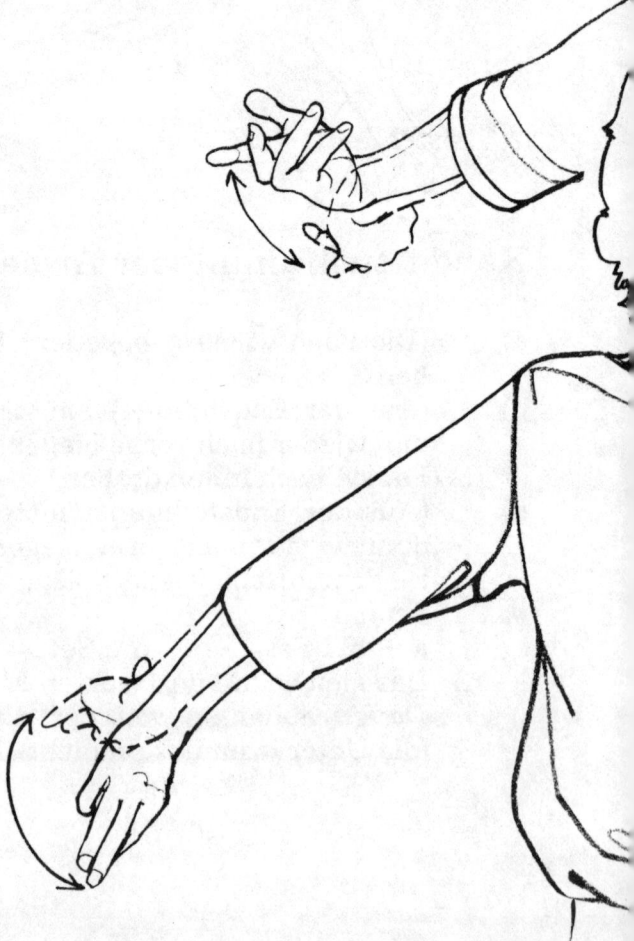

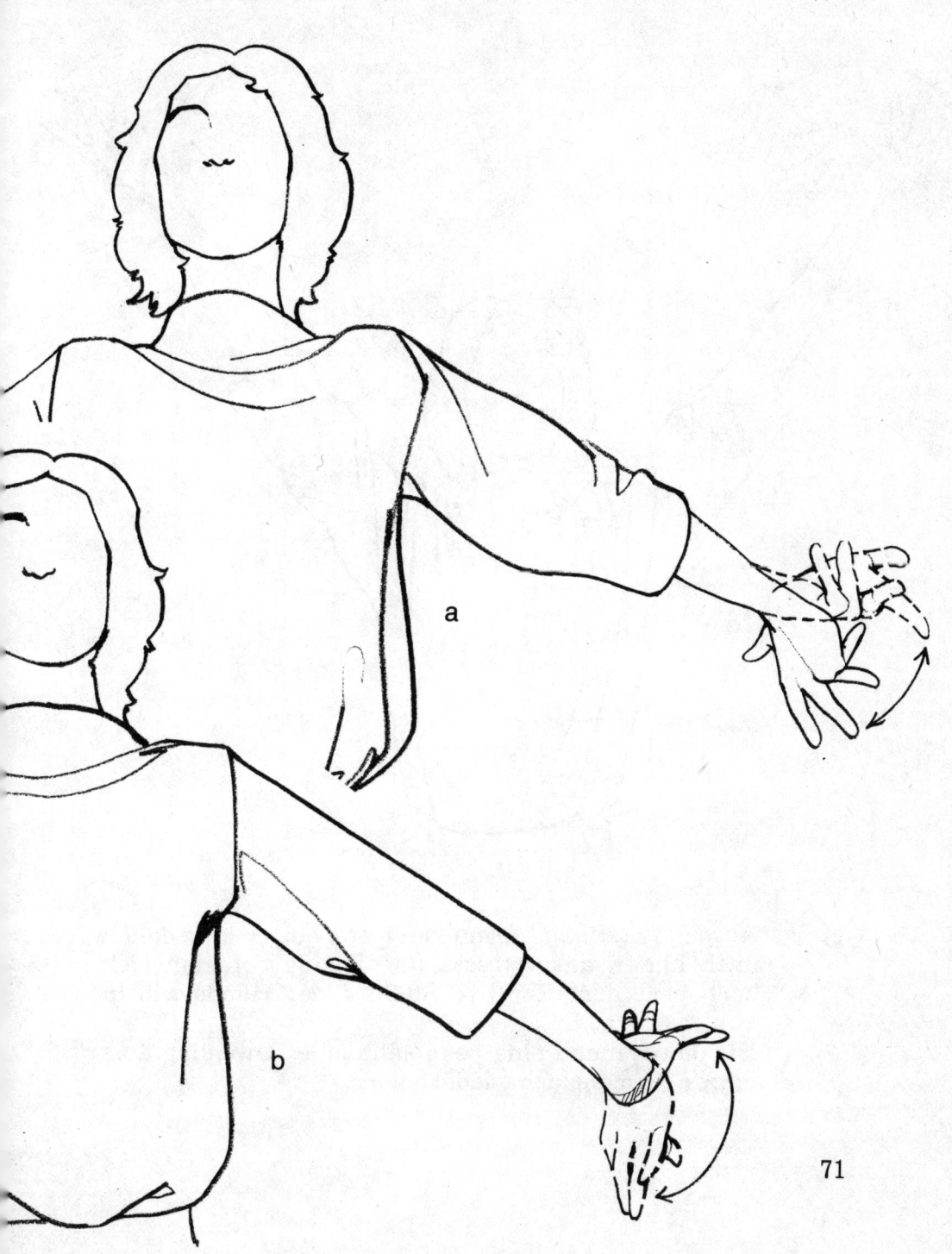

a

b

71

c) *Ausgangsstellung:* Arme sind so weit wie möglich nach hinten ausgestreckt (die Hände befinden sich hoch über dem Kopf) ... Stellung der Hände wie in Punkt a.
Mit den Händen eine pendelähnliche Bewegung ausführen ... mehrfach wiederholen.

d)   *Ausgangsstellung:* Hände um 360 Grad drehen.
Hände nach links und rechts schwingen ... mehrfach
wiederholen.
Tempo: einmal links und rechts pro Sek.
Dauer: ± 10 Sek. pro Übungseinheit.

Konditionstraining der Arme · Übung 4 →→→→

a)   Arme federnd nach oben schwingen (Hände sind geöffnet).

b)   (Während die Arme nach unten zurückfedern) Hände zur Faust ballen.

c)   Arme schwingen federnd nach unten (Hände sind geöffnet).

d)   (Während die Arme nach oben zurückfedern) Hände zur Faust ballen.

a – d: mehrfach wiederholen.

Tempo: von langsam bis ganz schnell.

Dauer: ± 20 Sek.

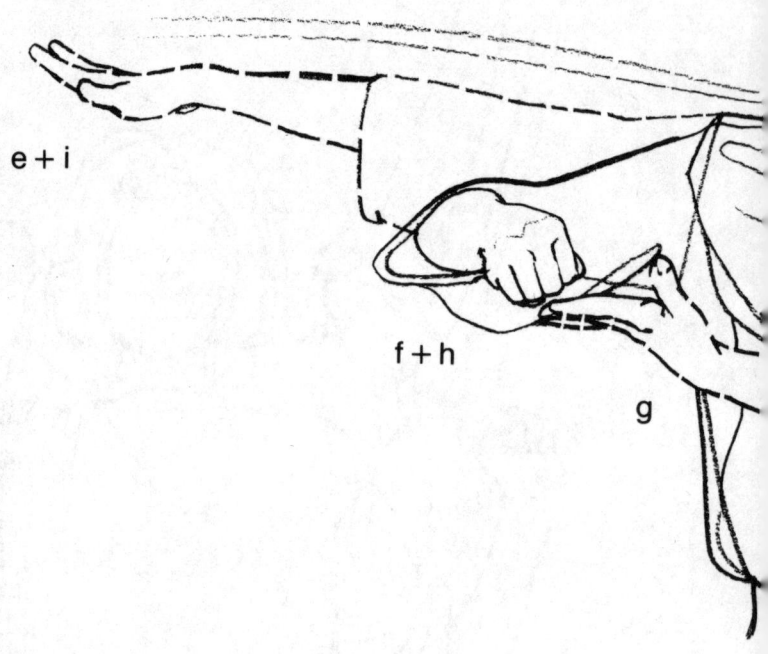

e) Arme federnd nach außen schwingen (in die Waagerechte; Hände sind geöffnet).

f) (Während die Arme nach innen zurückfedern) Hände zur Faust ballen.

g) Arme federnd nach innen schwingen (rechter Arm über linkem Arm; Hände sind geöffnet).

h) (Während die Arme nach außen zurückfedern) Hände zur Faust ballen.

i) Arme federnd nach außen schwingen (Hände sind geöffnet).

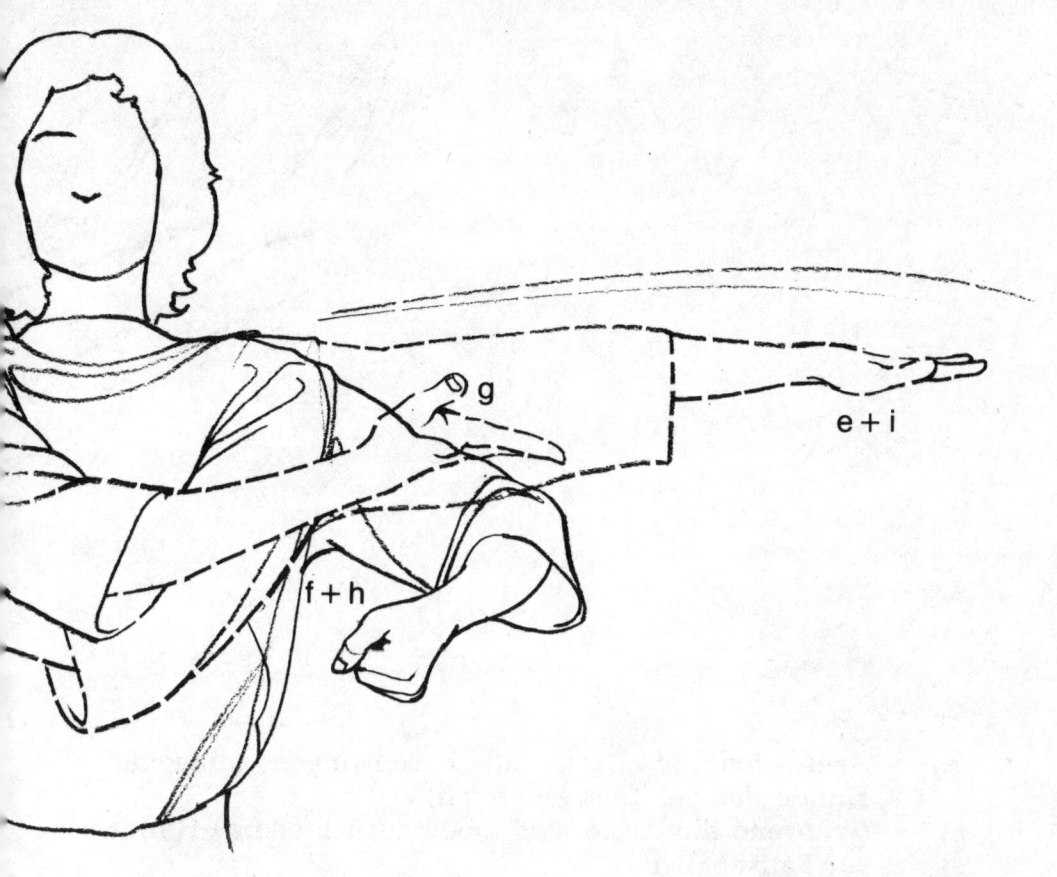

j) (Während die Arme nach innen zurückfedern) Hände zur Faust ballen.

k) Arme federnd nach innen schwingen (linker Arm über rechtem Arm; Hände sind geöffnet).

l) (Während die Arme nach außen zurückfedern) Hände zur Faust ballen.

e – l: ständig wiederholen

Tempo: von langsam bis ganz schnell.

Dauer: ± 30 Sek.

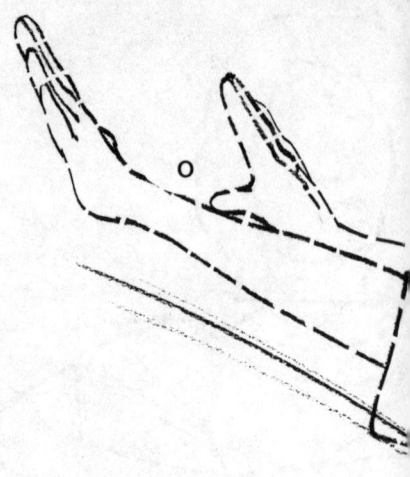

m) Arme federnd nach unten schwingen (diagonal; Hände sind geöffnet; einatmen).

n) (Während die Arme nach oben zurückfedern) Hände zur Faust ballen.

o) Arme federnd nach oben schwingen (Hände sind geöffnet; ausatmen).

p) (Während die Arme nach unten zurückfedern) Hände zur Faust ballen.

m – p: ständig wiederholen.

Rhythmus: ein m-p-Zyklus pro Sek. (oder langsamer).

Dauer: ± 20 Sek.

Wichtig: Lassen Sie das Becken mitschwingen ... Bei Übungseinheit m verlagert sich das Körpergleichgewicht in die Zehen (Fersen berühren nicht mehr den Boden).

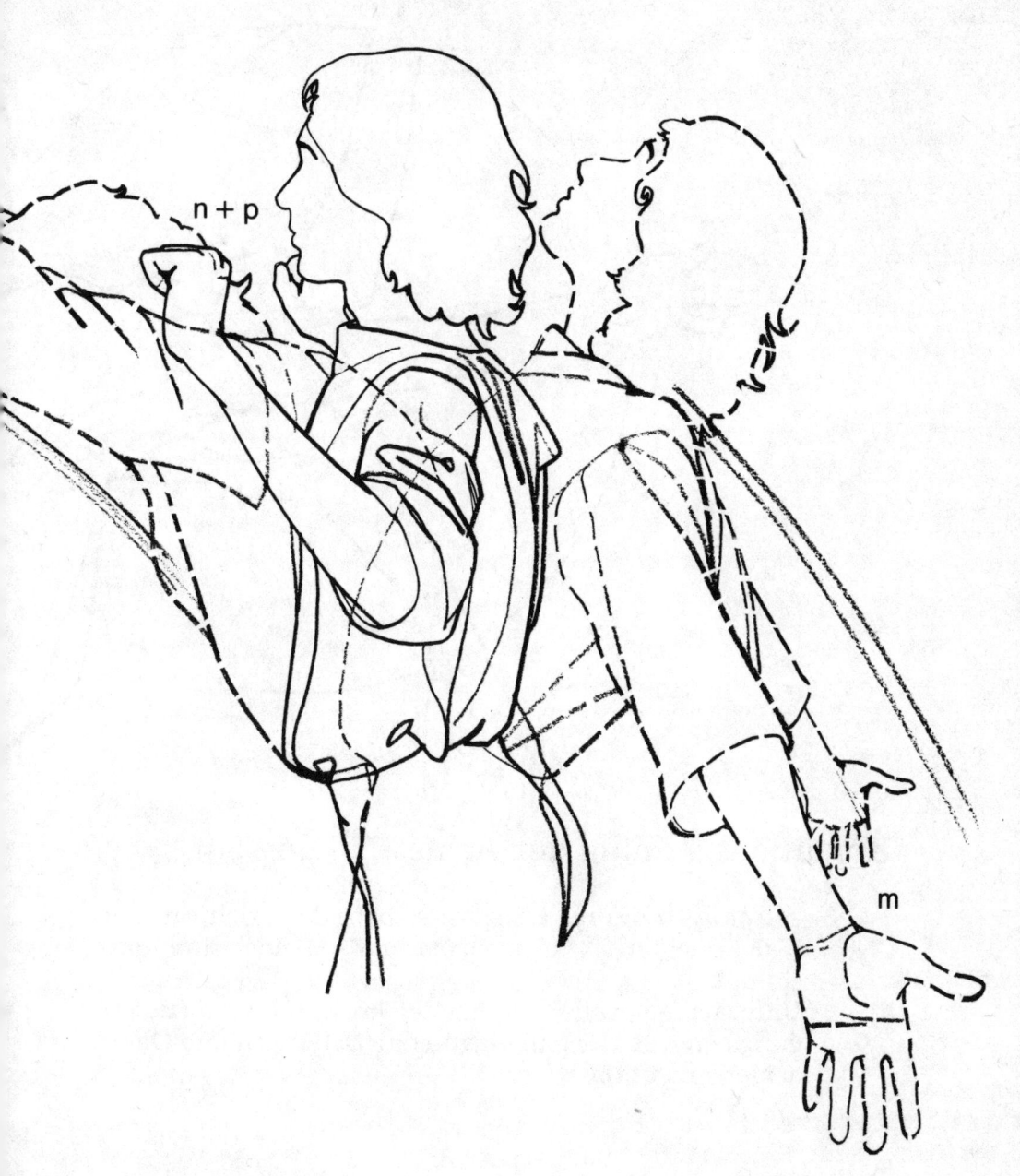

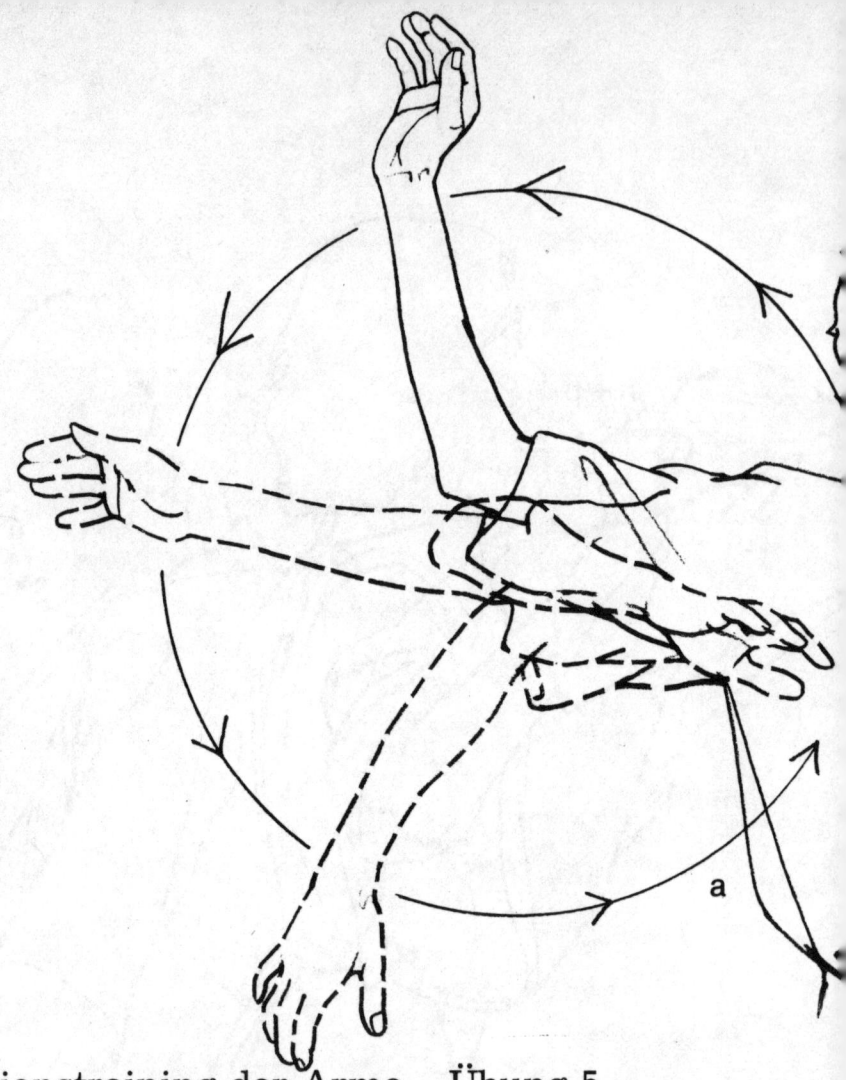

Konditionstraining der Arme · Übung 5 →

Ausgangsstellung: Oberarme befinden sich in der Waagerechten ... Unterarme und Hände sind entspannt.

a) Unterarme parallel zueinander kreisen lassen (Bewegungsenergie wird allein von den Schultern und Oberarmen erzeugt).

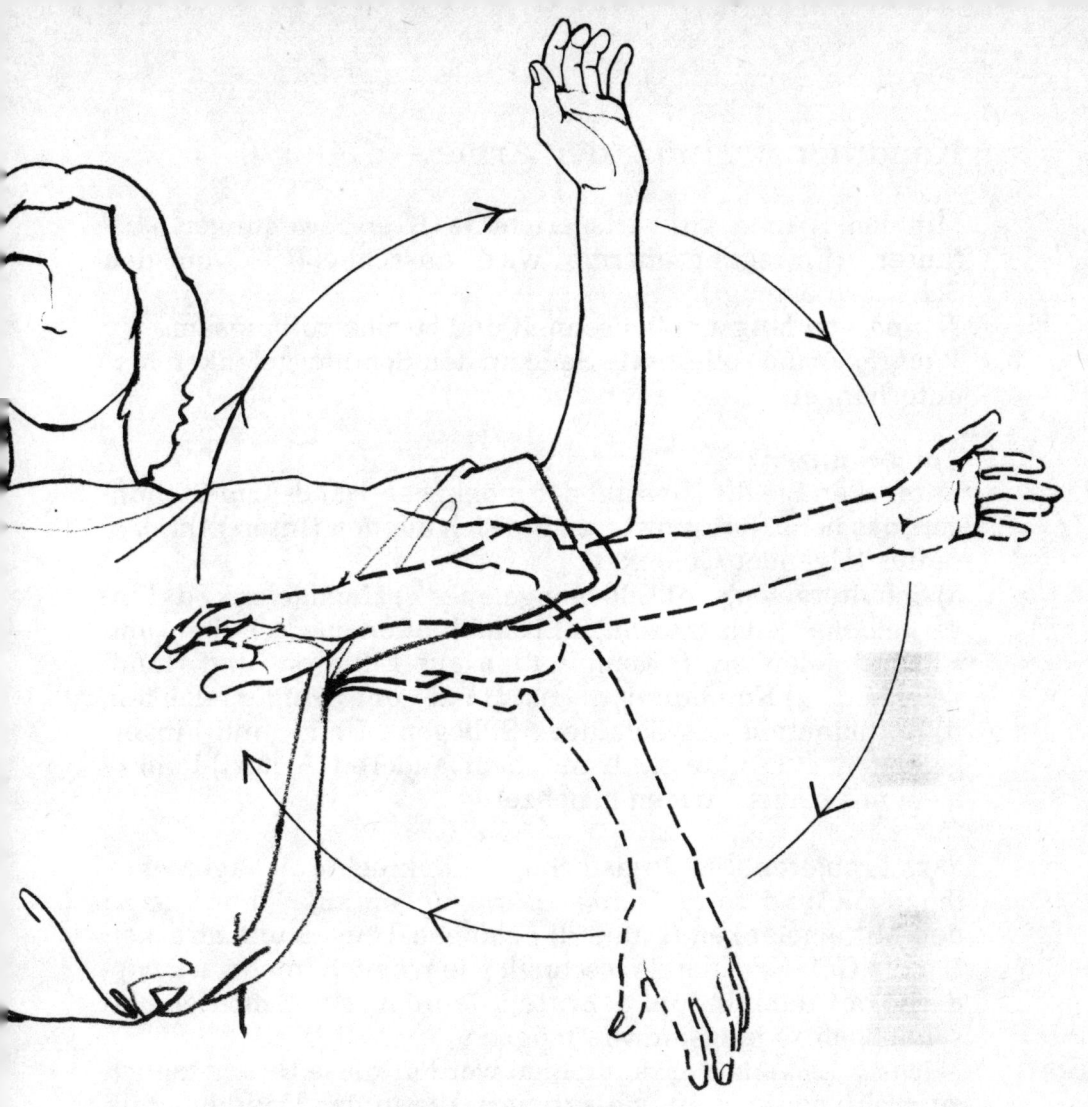

b)   Unterarme gegenläufig kreisen lassen (ein Unterarm schwingt nach oben, der andere nach unten).
Tempo: von langsam bis schnell und wieder zurück zu langsam.
Dauer: ± 20 Sek. pro Übungseinheit.
Wichtig: Die Unterarme sollten wie Seile an den Ellbogengelenken herunterhängen.

81

Konditionstraining der Arme · Übung 6

Mit den Armen vorwärtsgerichtete Kreisbewegungen aus-
führen (Bewegungsenergie wird ausschließlich von den
Schultern erzeugt).
Tempo: von langsam bis schnell und zurück zu langsam.
Wichtig: Arme sollten wie Seile an den Schultergelenken her-
unterhängen.

Anmerkungen

Entdecken Sie die Vielzahl der möglichen Hand-Arm-Stellun-
gen, das heißt, konzentrieren Sie sich auf den (Inter-)Aktions-
radius folgender Gelenke:
a) Schultergelenk, b) Ellbogengelenk, c) Handgelenk, d) Fin-
gergelenke (jedes einzeln), e) Kombination aus Schulter- und
Ellbogengelenken, f) Kombination aus Ellbogen- und Hand-
gelenken, g) Kombination aus Hand- und Fingergelenken,
h) Kombination aus Schulter-, Ellbogen-, Hand- und Fingergelenken, i) Punkte a – h mit dem anderen Arm, j) Punkte
a – h mit beiden Armen gleichzeitig.

Tip: Probieren Sie kreisförmige, senkrechte, waagerechte,
diagonale und spiralförmige Bewegungen aus. Wenn Sie zu
den Mittelgelenken (Punkt d) gelangen, beugen und strecken
Sie die Gelenke zuerst so schnell wie möglich (mehrfach wiederholen), dann in fünf Schritten, dann in zehn Schritten und
schließlich so langsam wie möglich.
Wichtig: Es kann nur empfohlen werden, diese Übung täglich
zu praktizieren, denn sie aktiviert alle in der Handdynamik
wichtigen Körperteile.

Verwandte Übungen:
Konditionstraining der Hände / Übung 2, 8, 11 und 12,
Koordinationsübung 12, Beweglichkeitsübung 1,
Passive Entspannung / Übung 1, 2 und 3,
Psychophysisches Gleichgewicht / Übung 2.

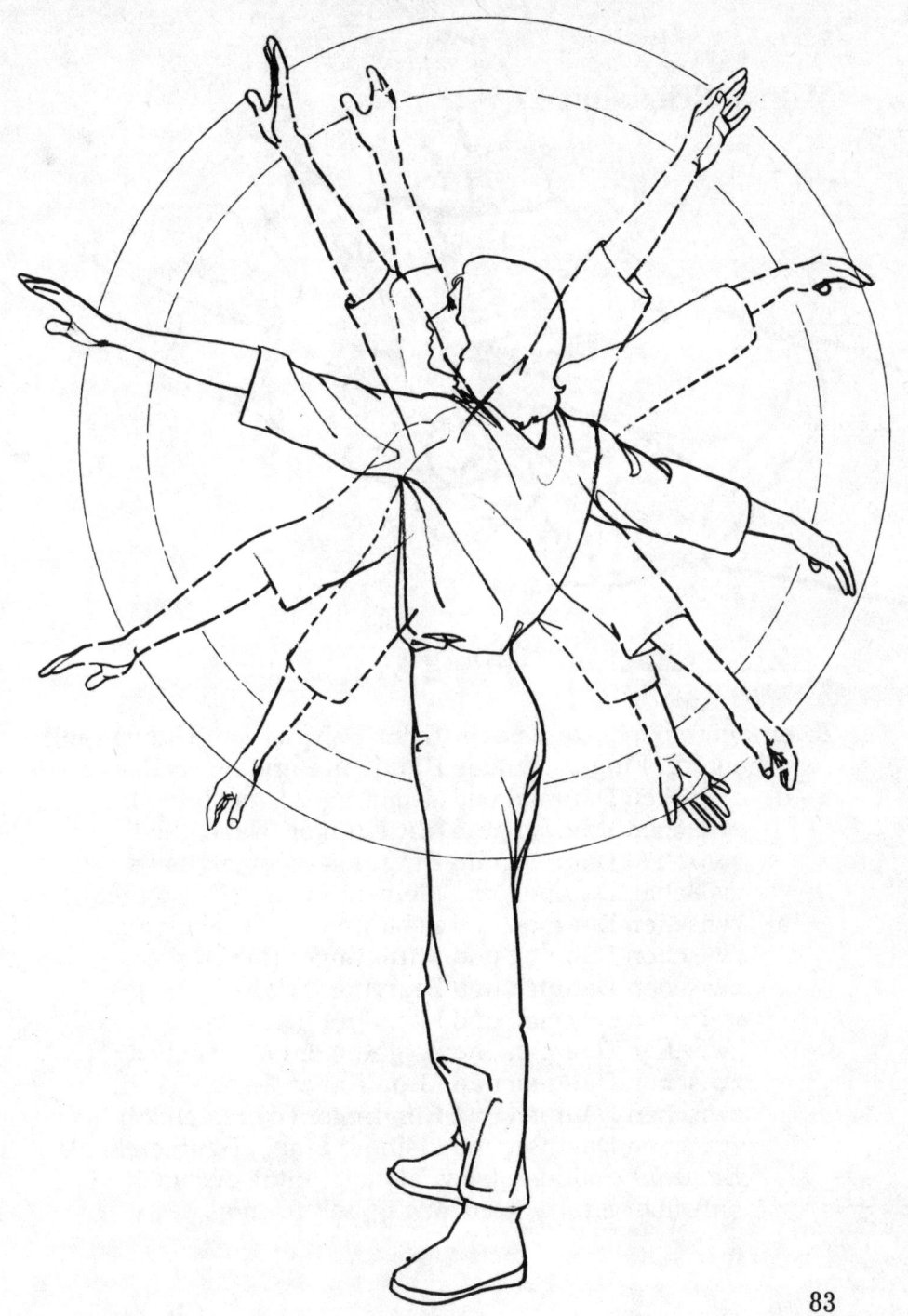

83

Mikro-Präzision

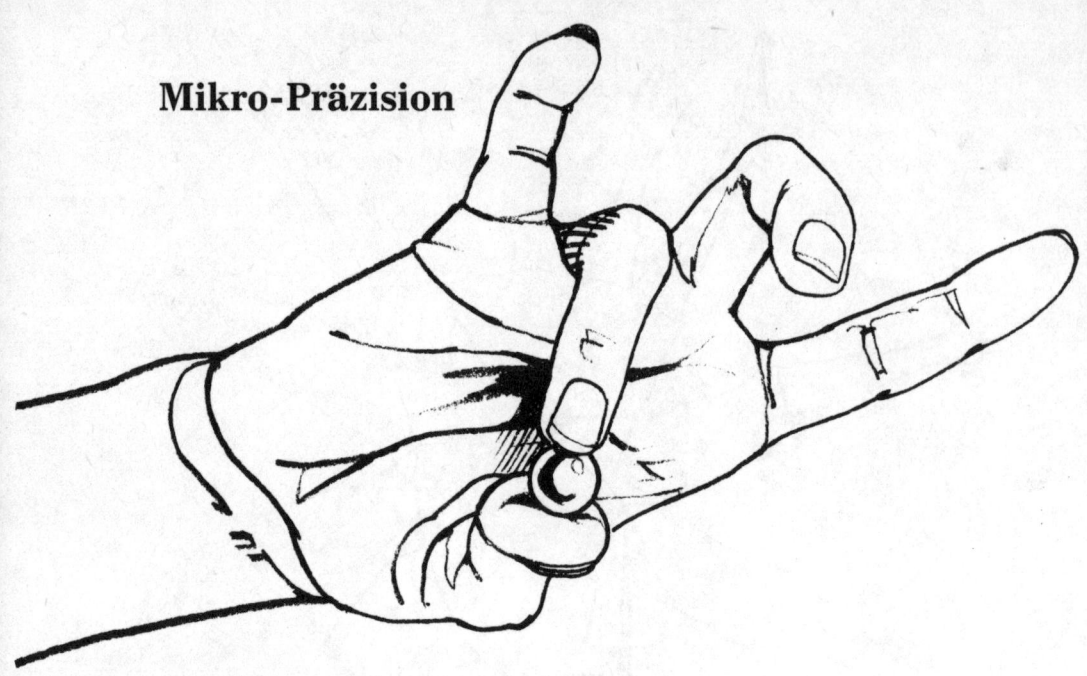

Mikro-Präzision · Übung 1

Zwei kleine, klebrige Kugeln (zum Beispiel aus Kaugummi) zwischen den Fingern beider Hände hin und her rollen:

a – d)   zwischen Daumen und Zeigefinger (Nagelglied);
zwischen Daumen und Mittelfinger (Nagelglied);
zwischen Daumen und Ringfinger (Nagelglied);
zwischen Daumen und kleinem Finger (Nagelglied);

e – h)   zwischen Daumen und Zeigefinger (Mittelglied);
zwischen Daumen und Mittelfinger (Mittelglied);
zwischen Daumen und Ringfinger (Mittelglied);
zwischen Daumen und kleinem Finger (Mittelglied);

i – l)   zwischen Daumen und Zeigefinger (Wurzelglied);
zwischen Daumen und Mittelfinger (Wurzelglied);
zwischen Daumen und Ringfinger (Wurzelglied);
zwischen Daumen und kleinem Finger (Wurzelglied).

Bewegung: linear (sowohl horizontal als auch vertikal), über Kreuz, kreisförmig, achtförmig.

Mikro-Präzision · Übung 2

(Mit der rechten Hand) zuerst a, dann b zeichnen.
(Mit der rechten Hand) a und gleichzeitig (mit der linken Hand) b zeichnen.
Wichtig: Zeichnen Sie ein relativ kleines Muster (ungefähr 2 cm hoch).

Mikro-Präzision · Übung 3

Obenstehendes Muster abzeichnen und Linien nachziehen.
a)   Zuerst nur mit der rechten Hand;
b)   sowohl mit der rechten als auch der linken Hand
     (zwei Zeichnungen gleichzeitig).
     Wichtig: Zeichnen Sie ein relativ kleines Muster (un-
     gefähr 2 cm hoch).

Anmerkungen

Tasten Sie sich langsam zu einer Handstellung vor, bei der es sich bequemer zeichnen und/oder schreiben läßt.

Koordination zwischen Hand und Auge:

a.a)   *Ausgangsstellung:* Rechtes Auge ist geöffnet ... linkes Auge geschlossen ... den Blick auf einen Gegenstand richten;
dann die rechte Hand ausstrecken ... bis die Spitze des kleinen Fingers eine Linie mit der Blickrichtung bildet ... den Gegenstand mit dem kleinen Finger *abtasten* (seine Umrisse in die Luft zeichnen; die Bewegungsenergie wird im Wurzelgelenk erzeugt).

a.b)   Die Bewegungsenergie wird im Handgelenk erzeugt.

a.c)   Die Bewegungsenergie wird im Ellbogen erzeugt.

a.d)   Die Bewegungsenergie wird in der Schulter erzeugt.

b)   Rechtes Auge ist geöffnet ... die linke Hand zeichnet.

c)   Linkes Auge ist geöffnet ... die rechte Hand zeichnet.

d)   Linkes Auge ist geöffnet ... die linke Hand zeichnet.

Ausgefilterte Wahrnehmungsmuster in schematische Zeichnungen umsetzen:

a)   Formen (nicht »Dinge«!),

b)   Oberflächen (natürliche Beschaffenheit),

c)   Farben,

d)   Ordnungsverhältnisse (Reihen, Proportionen usw.),

e)   Funktionseinheiten (gebrauchsbedingte Verbindungsmöglichkeiten),

f)   Zwischenräume,

g)   Gesetzmäßigkeiten (über a–f hinaus).

Koordination

Koordination · Übung 1

a)   Einen unzerbrechlichen Gegenstand (Scheibe, Ball usw.) um den Körper kreisen lassen (ihn von einer Hand in die andere nehmen ... einmal vor dem Bauch, einmal hinter dem Rücken ... ständig wiederholen).
Tempo: zügig (vor allem aber gleichmäßig).
Dauer: zuerst ± 30 Sek. im Uhrzeigersinn, dann ± 30 Sek. entgegen dem Uhrzeigersinn.

b)   Der Gegenstand wird von einer Hand in die andere *geworfen* (sonst weiter wie oben).
Tip: Die gleiche Übung in der Gruppe ausprobieren; dazu stehen zum Beispiel drei Personen im Kreis und reichen sich gleichzeitig ihre Gegenstände weiter (im Uhrzeigersinn und entgegen dem Uhrzeigersinn, vor dem Bauch und hinter dem Rücken).

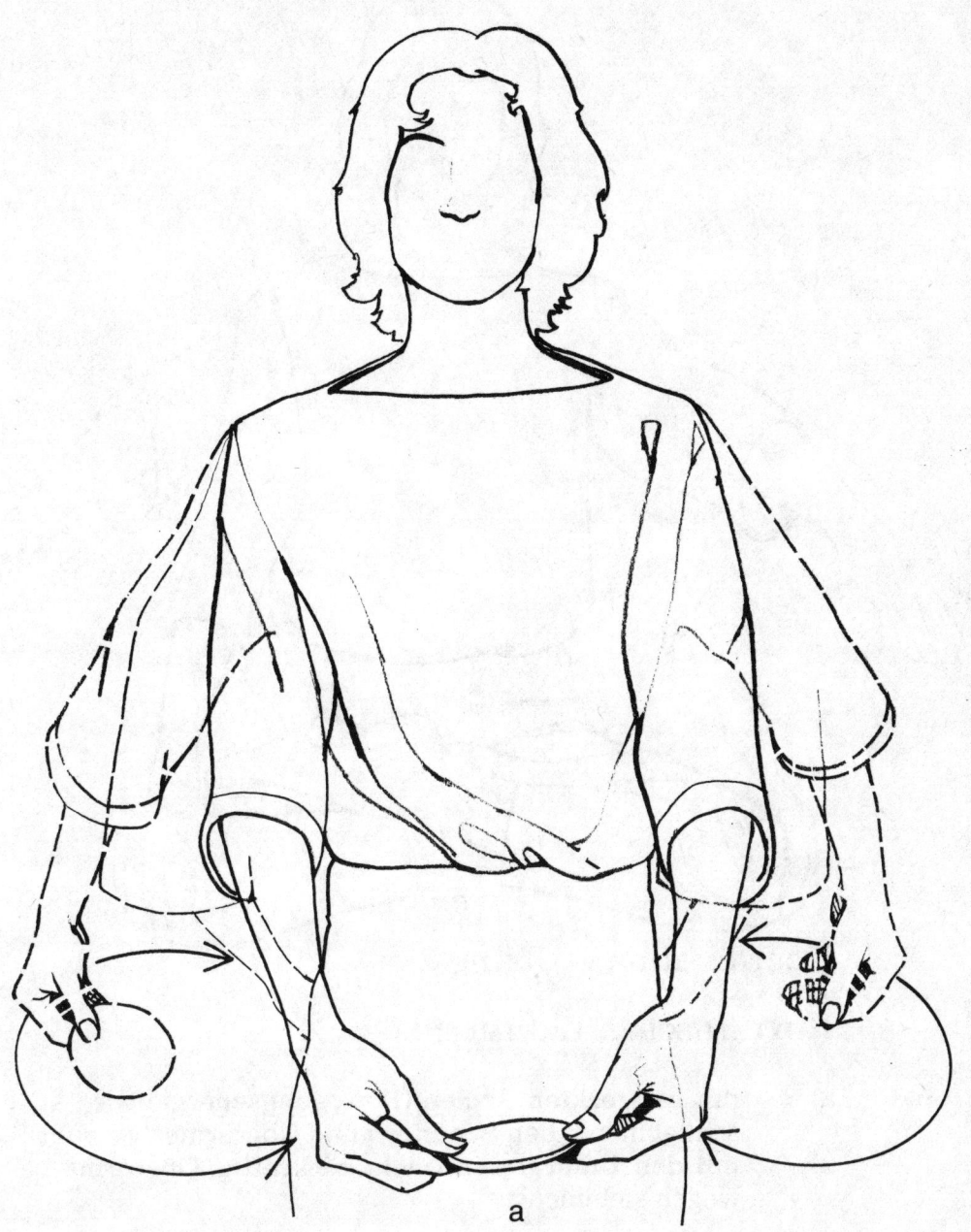

a

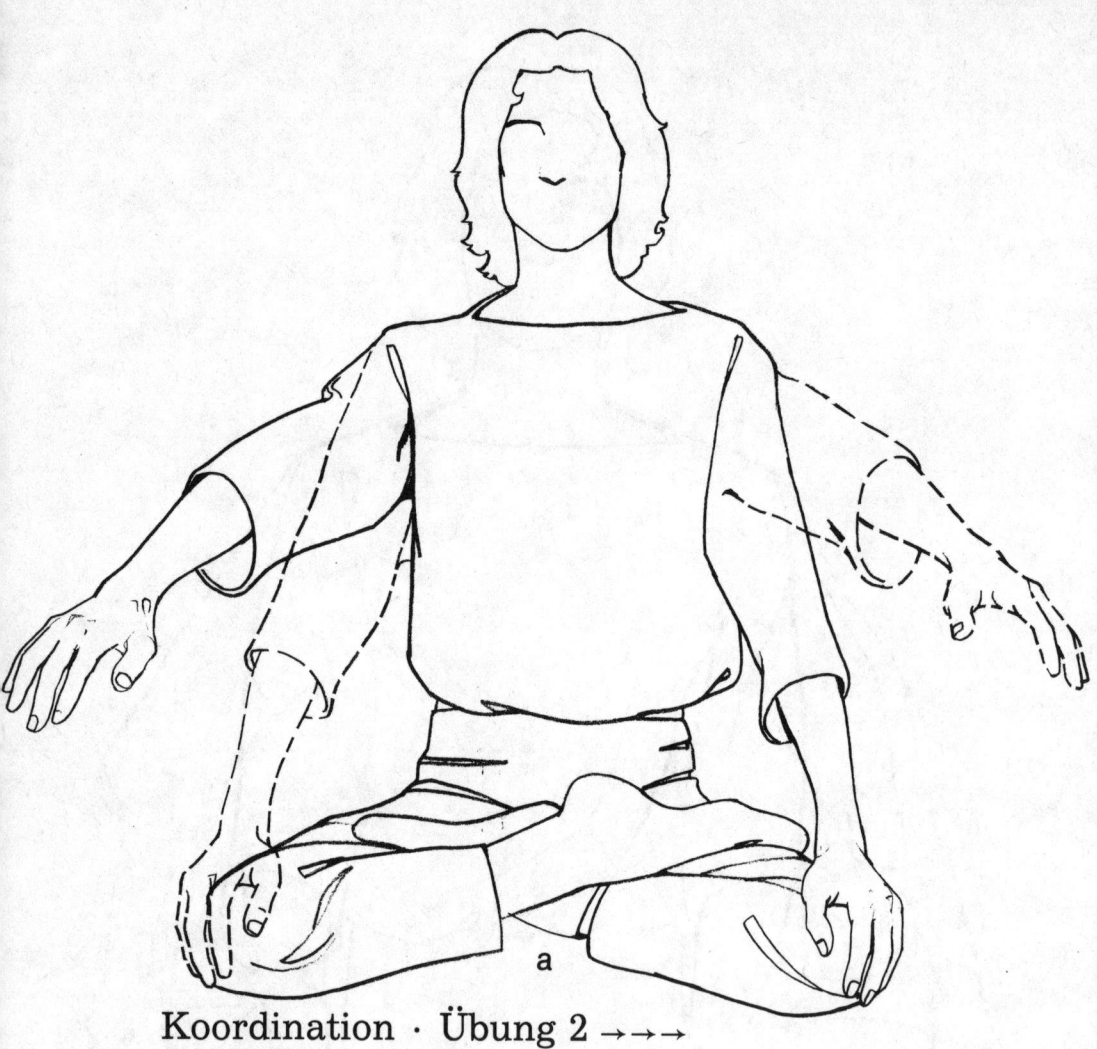

a

Koordination · Übung 2 →→→

RHYTHMISCHES TROMMELN:

a) mit gestreckten Armen (Bewegungsenergie wird aus-
    schließlich in den Schultern und Oberarmen erzeugt);
b) mit den Unterarmen (nicht zu kräftig, Oberarme be-
    wegen sich nicht);

b

c)   mit den Händen (Ober- und Unterarme bewegen sich nicht);

d)   mit den Fingern (mit allen gleichzeitig);

e – i)   zuerst mit den Daumen, dann mit den Zeigefingern, den Mittelfingern, den Ringfingern und den kleinen Fingern.

Rhythmus: rechts: einmal ... links: einmal ... rechts: zweimal ... links: zweimal ... rechts: dreimal ... links: dreimal ... rechts: zweimal ... links: zweimal ... ständig wiederholen.

Tempo: angenehm (vor allem aber regelmäßig).

Dauer: ± 30 Sek. pro Übungseinheit.

Tip: Probieren Sie die gleiche Übung einmal mit musikalischer Begleitung und/oder anderen Rhythmen.

Koordination · Übung 3

a)   Handflächen leicht gegeneinanderschlagen.
b)   Mit der rechten Faust leicht gegen die Handfläche schlagen.
c)   Handflächen (wieder) leicht gegeneinanderschlagen.
d)   Mit der linken Faust leicht gegen die Handfläche schlagen.

       a – d: ständig wiederholen.
       Rhythmus: regelmäßig.
       Tempo: abhängig von der eigenen Geschicklichkeit.
       Dauer: ½ Min. oder länger.

e – h) *Abwandlung:* (statt der Übung Faust gegen Handfläche) mit der Handfläche leicht gegen den Handrücken schlagen, in Verbindung mit a + c, Handfläche gegen Handfläche.

       Bei dieser Übung die Reihenfolge a – d ... e – h ... a – d ... e – h einhalten.

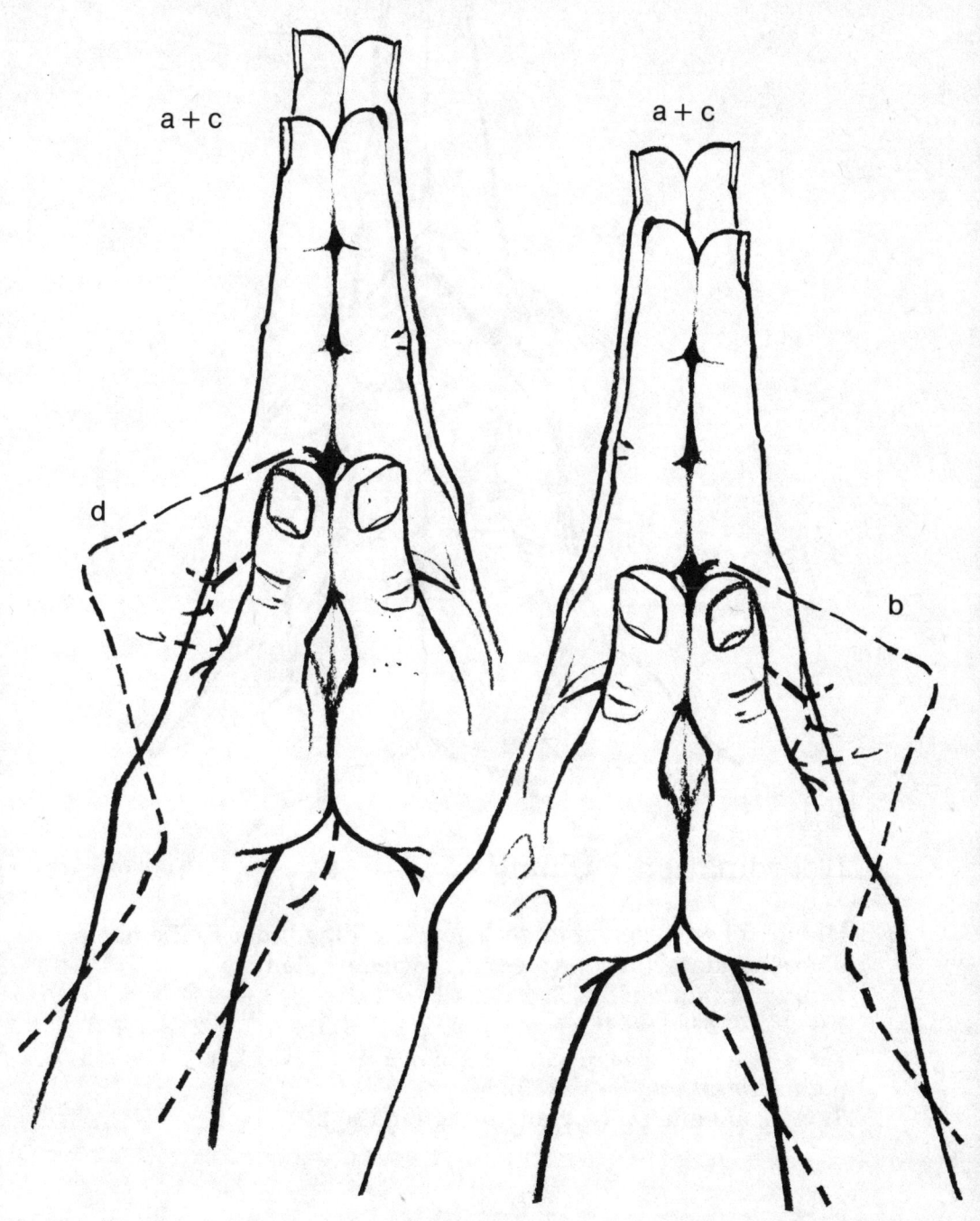

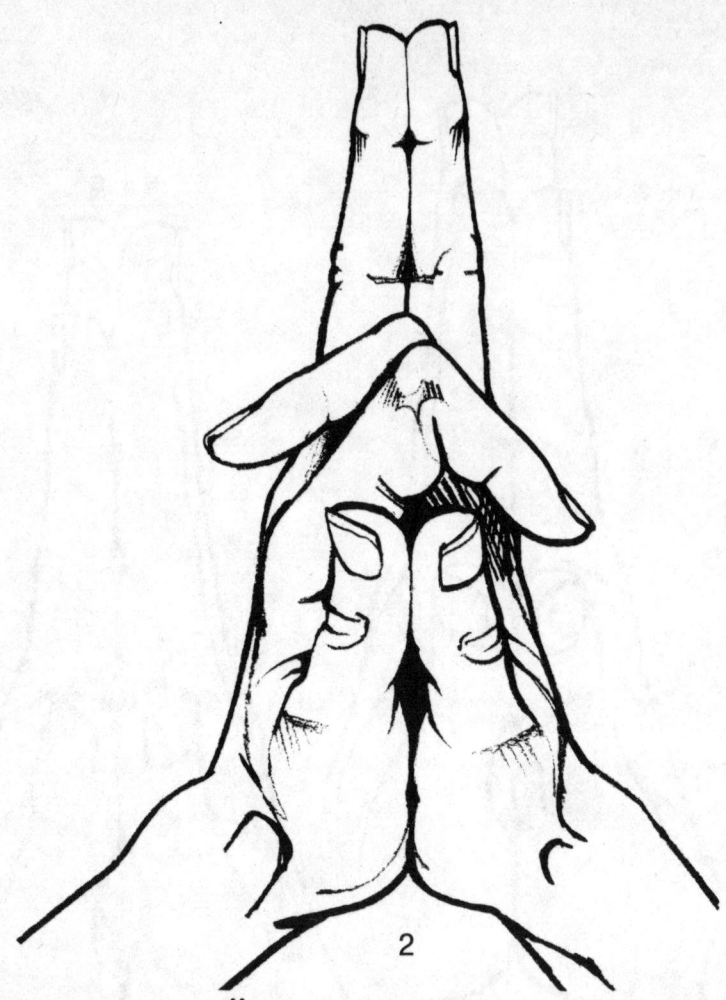

2

Koordination · Übung 4 →

Handflächen gegeneinanderlegen und Finger der Reihe nach übereinanderschlagen (mehrfach wiederholen).
Übungseinheiten: 1, 2, 3, 4, 5 ... 1 + 2, 2 + 3, 3 + 4, 4 + 5 ...
1 + 2 + 3, 2 + 3 + 4, 3 + 4 + 5 ... 1 + 2 + 3 + 4, 1 + 2 + 3 + 5,
1 + 2 + 4 + 5, 1 + 3 + 4 + 5, 2 + 3 + 4 + 5 ... 1 + 2 + 3 + 4 + 5
(vgl. *Anmerkung* Seite 116).
Tempo: angenehm (vor allem regelmäßig).

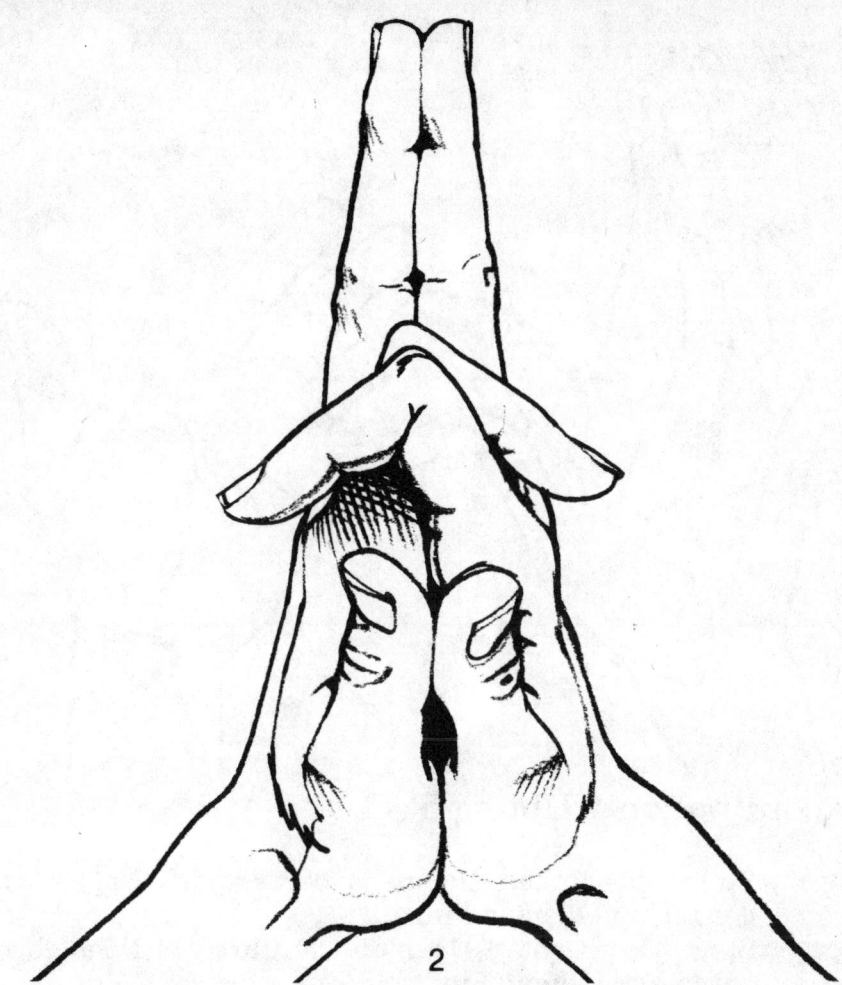

2

Dauer: ± 10 Sek. pro Übungseinheit.
Abwandlung: Kombinationen wie 2 + 4 ausprobieren...

1.   In der oben beschriebenen Weise: Die beiden Finger
     der rechten Hand bewegen sich nach oben, während
     die beiden Finger der linken Hand sich nach unten be-
     wegen, und umgekehrt.

2.   Auf eine andere Weise: Die beiden Finger der rechten
     Hand bewegen sich nach innen, während die beiden
     Finger der linken Hand sich nach außen bewegen,
     und umgekehrt.

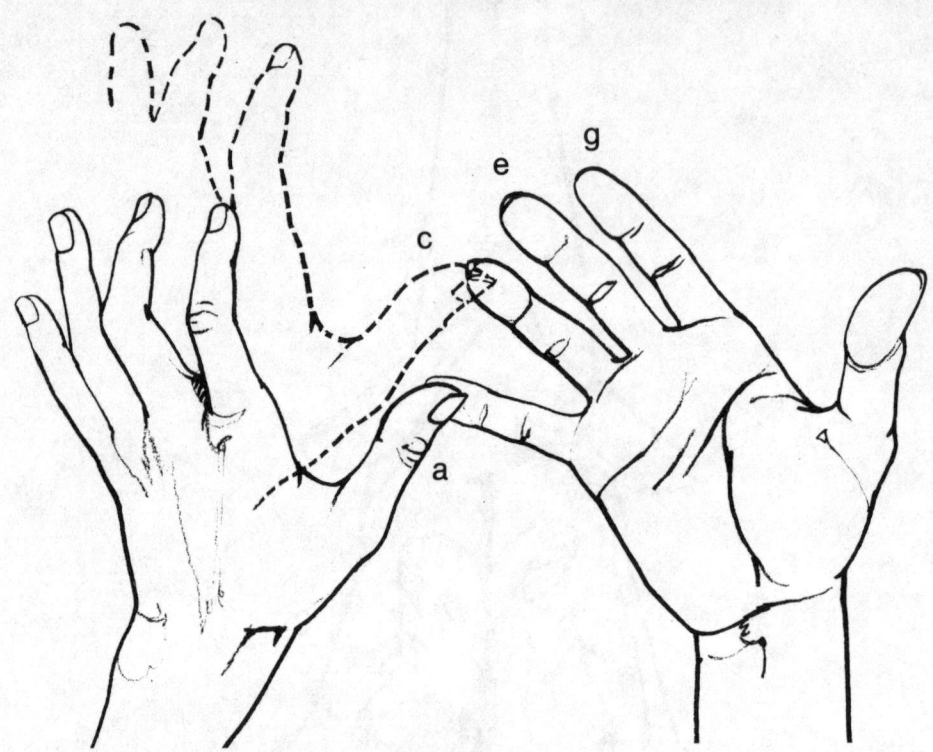

Koordination · Übung 5 →

a) Spitze des linken Daumens berührt das Nagelglied des rechten kleinen Fingers.

b) Spitze des rechten Daumens berührt das Nagelglied des linken kleinen Fingers.

c) Linker Daumen berührt Nagelglied des rechten Ringfingers.

d) Rechter Daumen berührt Nagelglied des linken Ringfingers.

e) Linker Daumen berührt Nagelglied des rechten Mittelfingers.

f) Rechter Daumen berührt Nagelglied des linken Mittelfingers.

g) Linker Daumen berührt Nagelglied des rechten Zeigefingers.

h) Rechter Daumen berührt Nagelglied des linken Zeigefingers. a – h: ständig wiederholen (Abwandlung: a –
b – c – d – e – f – g – h – e – f – c – d ... ständig wiederholen).

i – p) Daumenspitze berührt Mittelglied.

q – z) Daumenspitze berührt Wurzelglied.

Tempo: abhängig von der eigenen Geschicklichkeit
(vor allem jedoch regelmäßig).

Dauer: a – h: 30 Sek., i – p: 30 Sek., q – z: 30 Sek. (oder
länger).

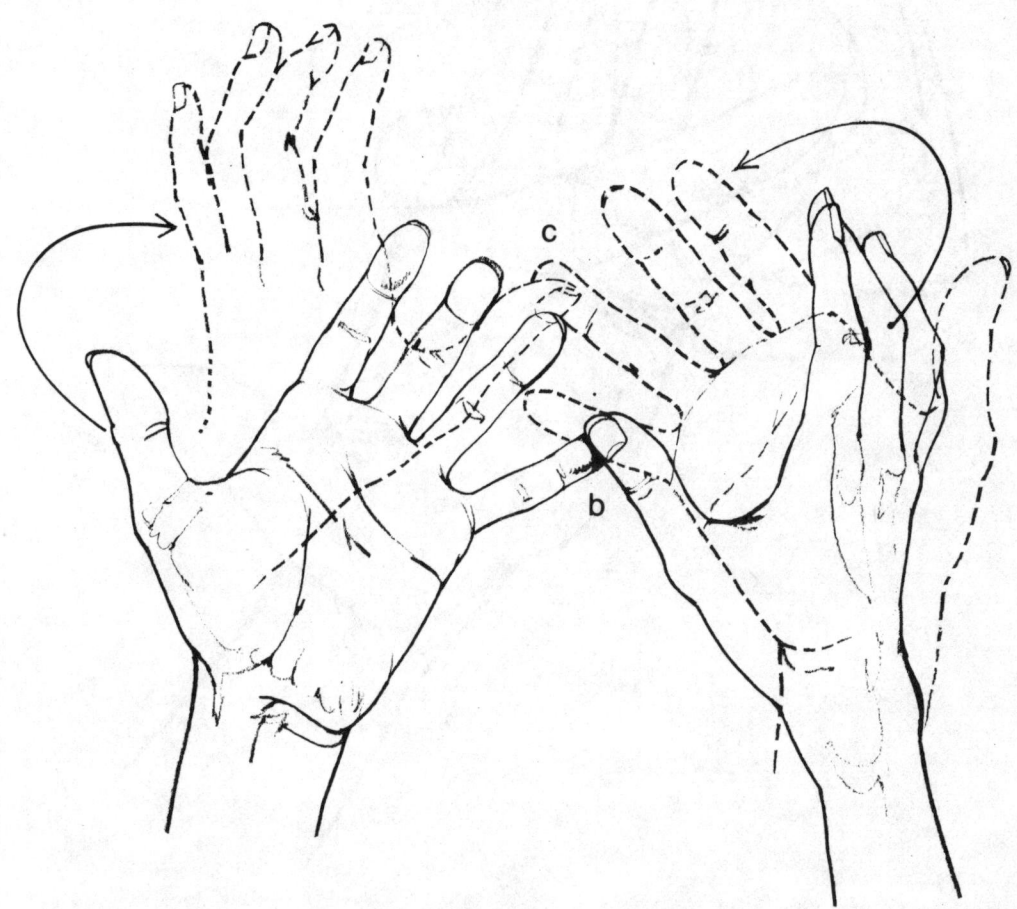

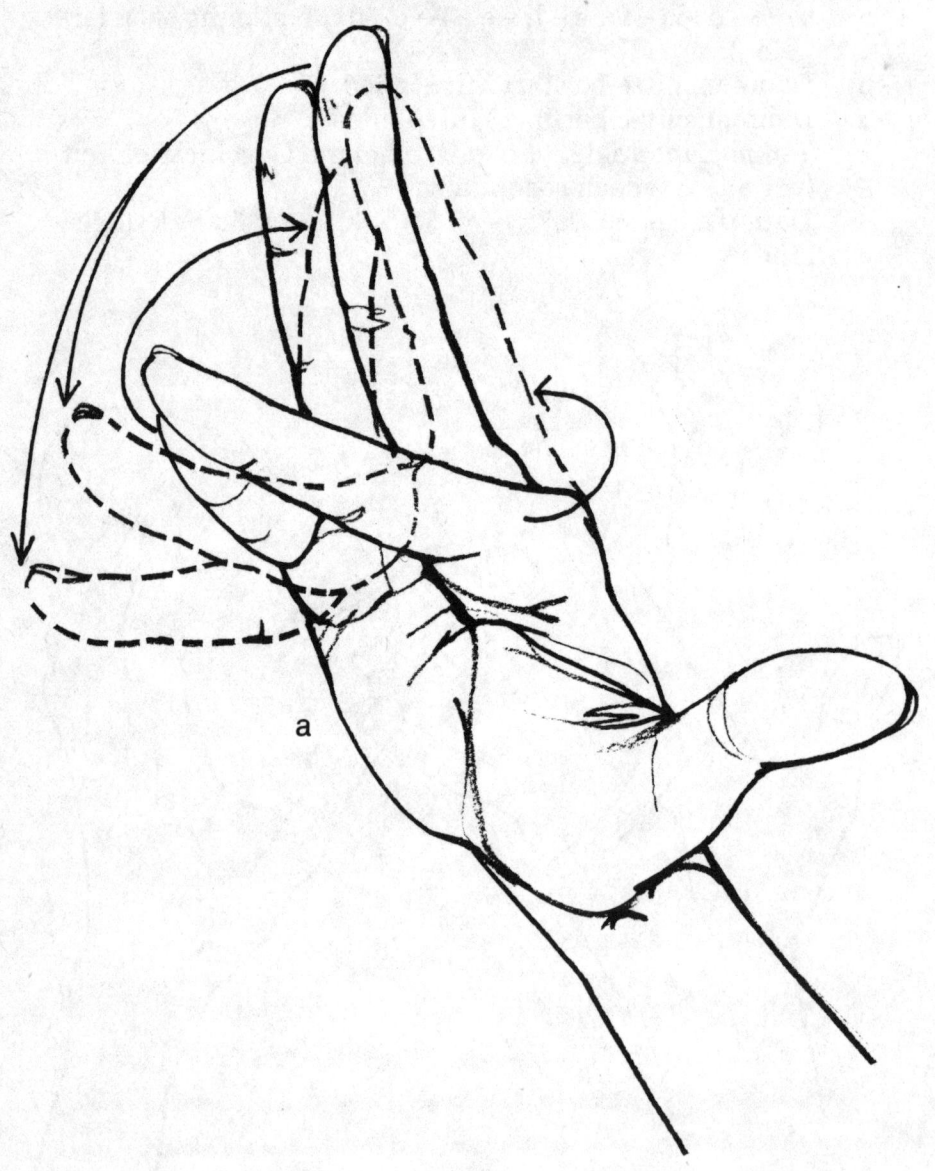

a

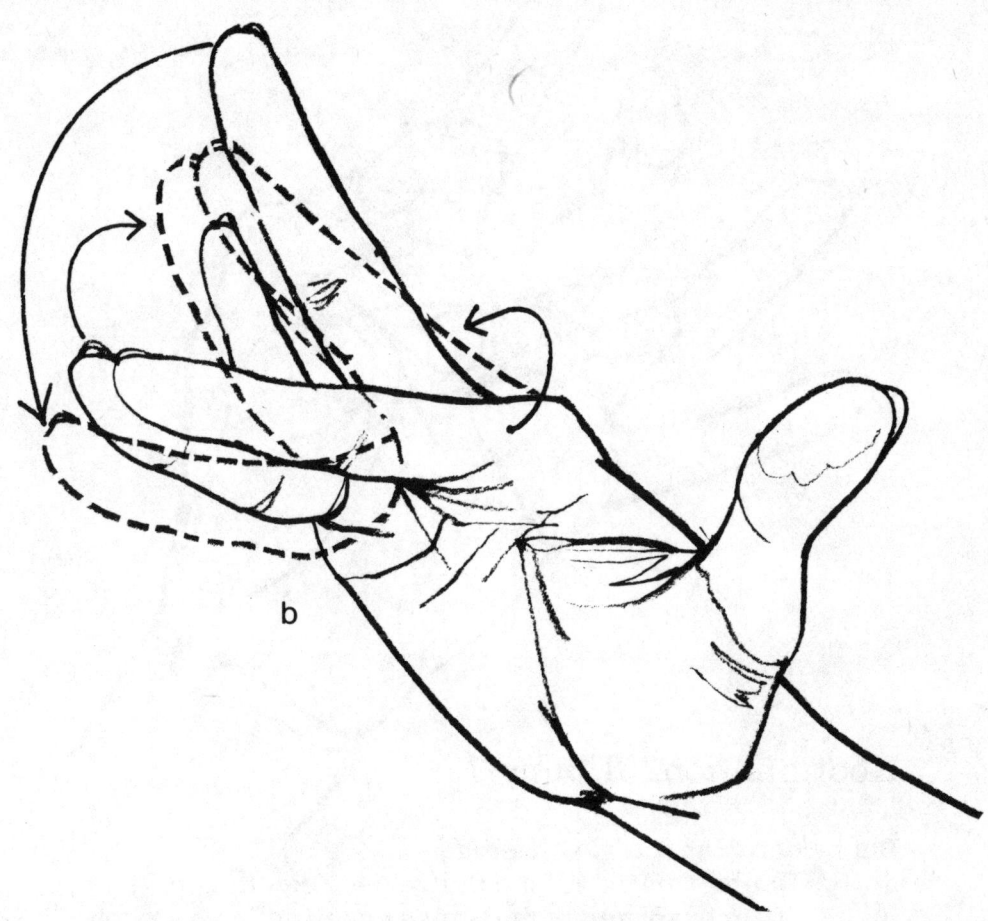

b

a) Zeigefinger und kleiner Finger beschreiben Halbkreise um den Mittel- und Ringfinger (mehrfach wiederholen).

b) Zeige- und Ringfinger beschreiben Halbkreise um den Mittelfinger (mehrfach wiederholen).

c) Mittelfinger und kleiner Finger beschreiben Halbkreise um den Ringfinger (mehrfach wiederholen).
Tempo: angenehm (vor allem regelmäßig).
Dauer: ± 15 Sek. pro Übungseinheit.

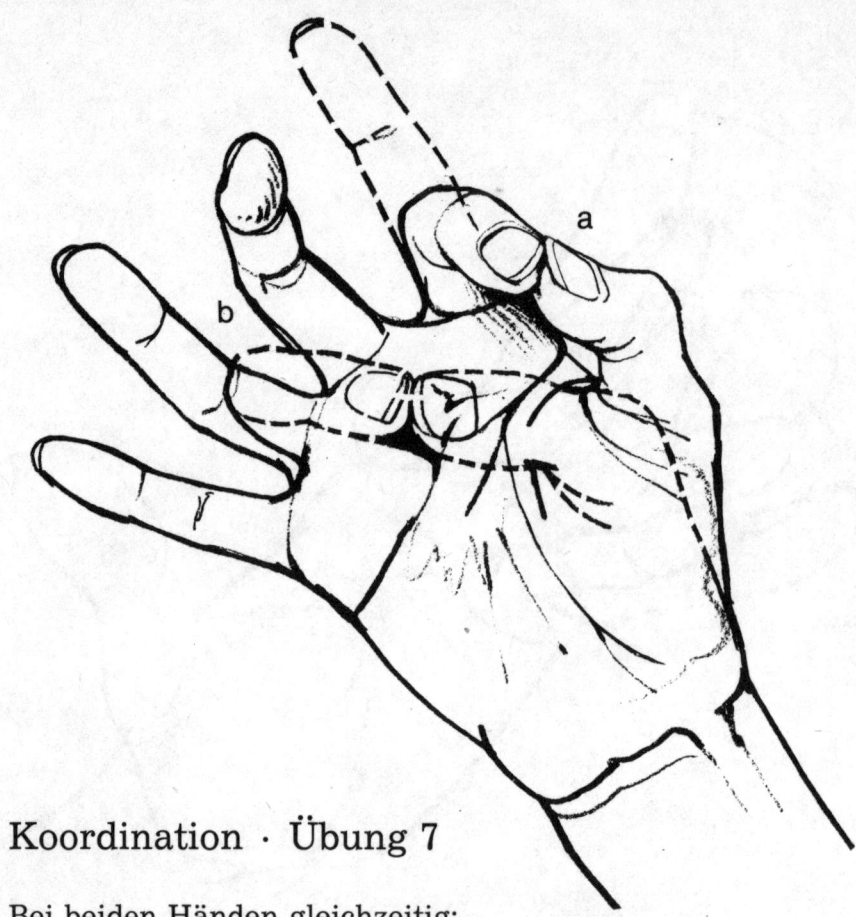

Koordination · Übung 7

Bei beiden Händen gleichzeitig:
a) Daumenspitze auf die Spitze des Zeigefingers legen,
b) Daumenspitze auf die Spitze des Ringfingers legen,
c) Daumenspitze auf die Spitze des Mittelfingers legen,
d) Daumenspitze auf die Spitze des kleinen Fingers le-
    gen.
a – d: mehrfach wiederholen.
Abwandlung: d – a oder a – c – d – b oder links: a – d ...
rechts: d – a ... usw.
Tempo: abhängig von der eigenen Geschicklichkeit
(vor allem aber regelmäßig).
Dauer: mindestens 1 Min. für die gesamte Übung.

102

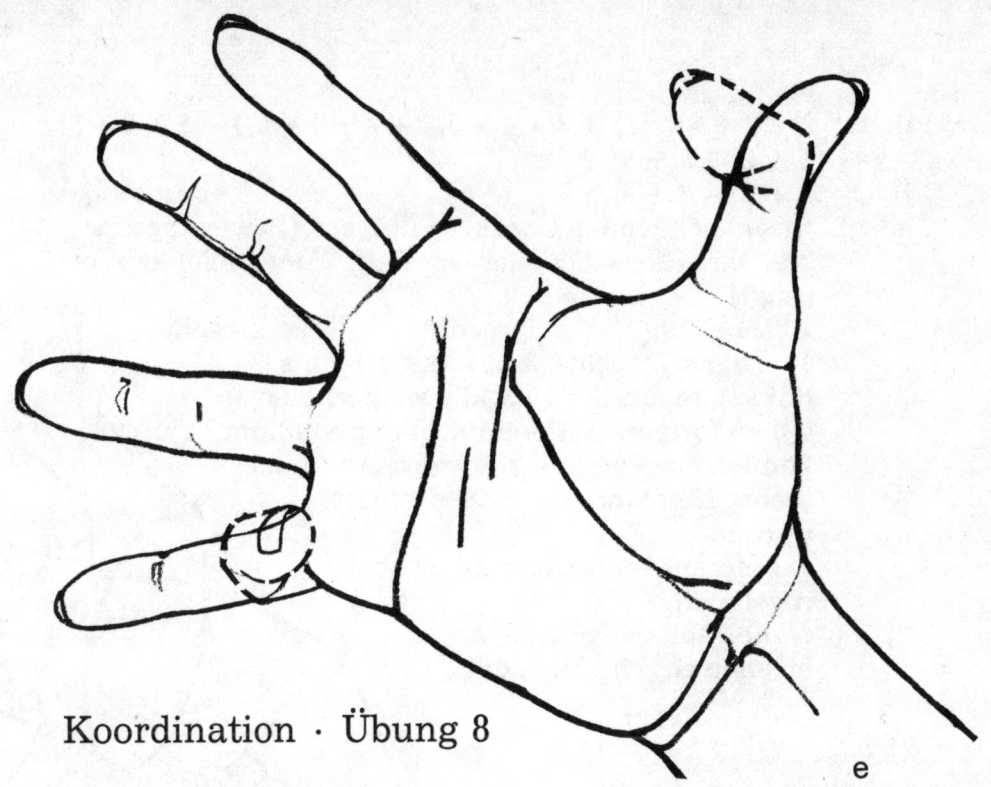

e

Koordination · Übung 8

Die Finger beider Hände beugen und strecken (Finger aus dem Mittelgelenk heraus, Daumen aus dem Nagelgelenk heraus, ± zehnmal).

a) 1, 2, 3, 4, 5 (vgl. *Anmerkung* Seite 116).
b) 1 + 2, 2 + 3, 3 + 4, 4 + 5.
c) 1 + 3, 2 + 4, 3 + 5.
d) 1 + 4, 2 + 5.
e) 1 + 5.
f) 1 + 2 + 3 (zweimal), 1 + 3 + 4 (zweimal), 1 + 2 + 3 (zweimal), 1 + 4 + 5 (zweimal)... fünfmal wiederholen.
g) 1 + 2 + 5 (zweimal), 1 + 2 + 4 (zweimal), 1 + 2 + 5 (zweimal), 1 + 3 + 5 (zweimal)... fünfmal wiederholen.
h) 2 + 3 + 4 (einmal), 2 + 4 + 5 (einmal), 2 + 3 + 5 (einmal), 3 + 4 + 5 (einmal)... fünfmal wiederholen.

103 →

i) $2 + 3 + 4 + 5, 1 + 3 + 4 + 5, 1 + 2 + 4 + 5, 1 + 2 + 3 + 5,$
       $1 + 2 + 3 + 4.$
j) $1 + 2 + 3 + 4 + 5.$
k – q) Das gleiche mit gestreckten Fingern (Bewegungsener-
       gie wird ausschließlich in den Wurzelgelenken er-
       zeugt).
       Abwandlung: links: 1, rechts: 5 ... links: 2, rechts:
       4 ... links: 3, rechts: 3 ... links: 4, rechts: 2 ...
       links: 1, rechts: 1 ... ständig wiederholen; in
       einem fortgeschritteneren Übungsstadium
       können auch andere, schwierigere Links-
       rechts-Kombinationen ausprobiert
       werden.
       Tempo: angenehm (vor allem aber
       regelmäßig).
       Dauer: abhängig von der
       eigenen Geschicklichkeit.

Koordination · Übung 9 →

DAUMEN KREISEN LASSEN:

a)   Rechten Daumen vorwärts, linken Daumen rückwärts
       kreisen lassen (mit beiden Daumen gleichzeitig und
       ständig wiederholen).
b)   Das gleiche in entgegengesetzter Richtung.

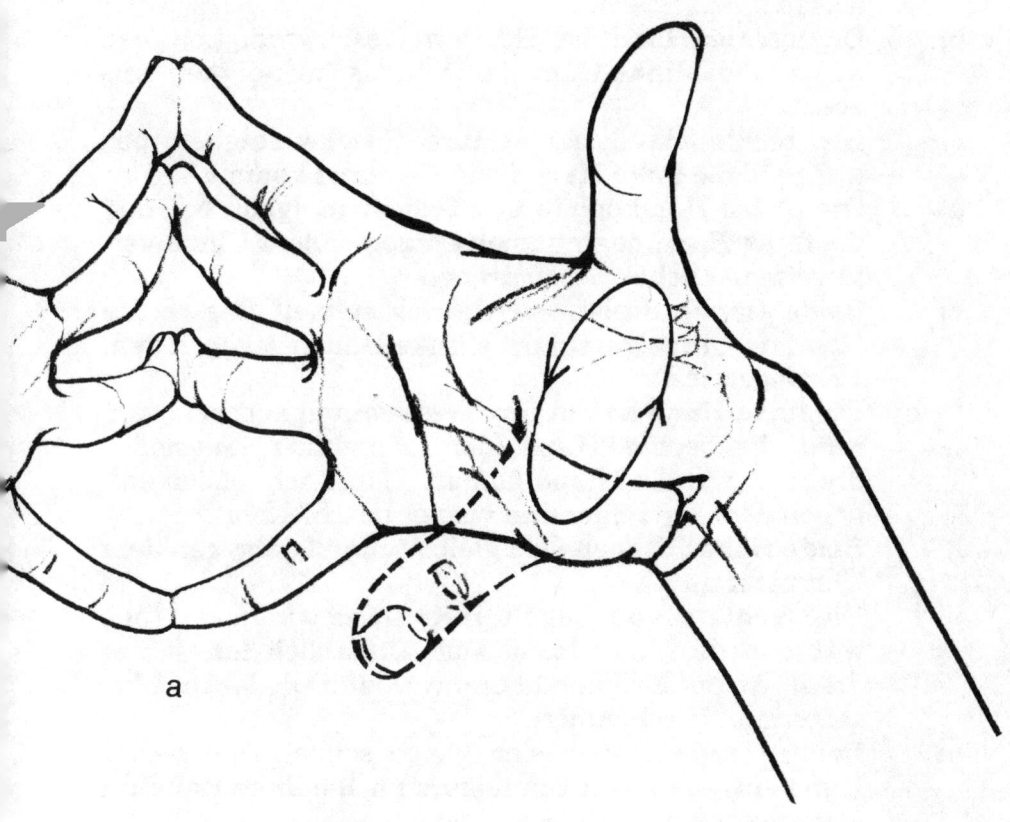

a

Tempo: angenehm.
Dauer: ± 20 Sek. pro Übungseinheit.
Tip: Sollten Sie Schwierigkeiten haben, die Übung sofort wie beschrieben durchzuführen, probieren Sie zuerst eine Linksdrehung, stopp ... eine Rechtsdrehung, stopp ... eine Linksdrehung, stopp ... eine Rechtsdrehung, stopp ... usw.

a) Beide Hände gleich schnell im Uhrzeigersinn kreisen lassen.

b) Die rechte Hand behält ihre Geschwindigkeit bei, während die linke Hand die Drehgeschwindigkeit herabsetzt.

c) Die rechte Hand behält ihre Geschwindigkeit bei, während die linke Hand zum Stillstand kommt.

d) Die rechte Hand behält ihre Geschwindigkeit bei, und die linke Hand beginnt sich entgegen dem Uhrzeigersinn immer schneller zu drehen.

e) Beide Hände drehen sich gleich schnell (die rechte Hand im Uhrzeigersinn, die linke Hand entgegen dem Uhrzeigersinn).

f – h) Die linke Hand behält ihre Geschwindigkeit bei, während die rechte Hand sich allmählich langsamer dreht ... zum Stillstand kommt ... und schließlich entgegen dem Uhrzeigersinn wieder beschleunigt.

i) Beide Hände drehen sich gleich schnell entgegen dem Uhrzeigersinn.

j – l) Die rechte Hand behält ihre Geschwindigkeit bei, während die linke Hand sich allmählich langsamer dreht ... zum Stillstand kommt ... und wieder im Uhrzeigersinn beschleunigt.

m) Beide Hände drehen sich gleich schnell (die rechte Hand entgegen dem Uhrzeigersinn, die linke Hand im Uhrzeigersinn).

n – p) Die linke Hand behält ihre Geschwindigkeit bei, während die rechte Hand allmählich langsamer wird ... zum Stillstand kommt ... und wieder im Uhrzeigersinn beschleunigt (bis zu Punkt a).

a – p: mehrmals wiederholen.

Dauer: unbegrenzt.

Wichtig: Dies ist die ideale Übung, um die Grundprin-

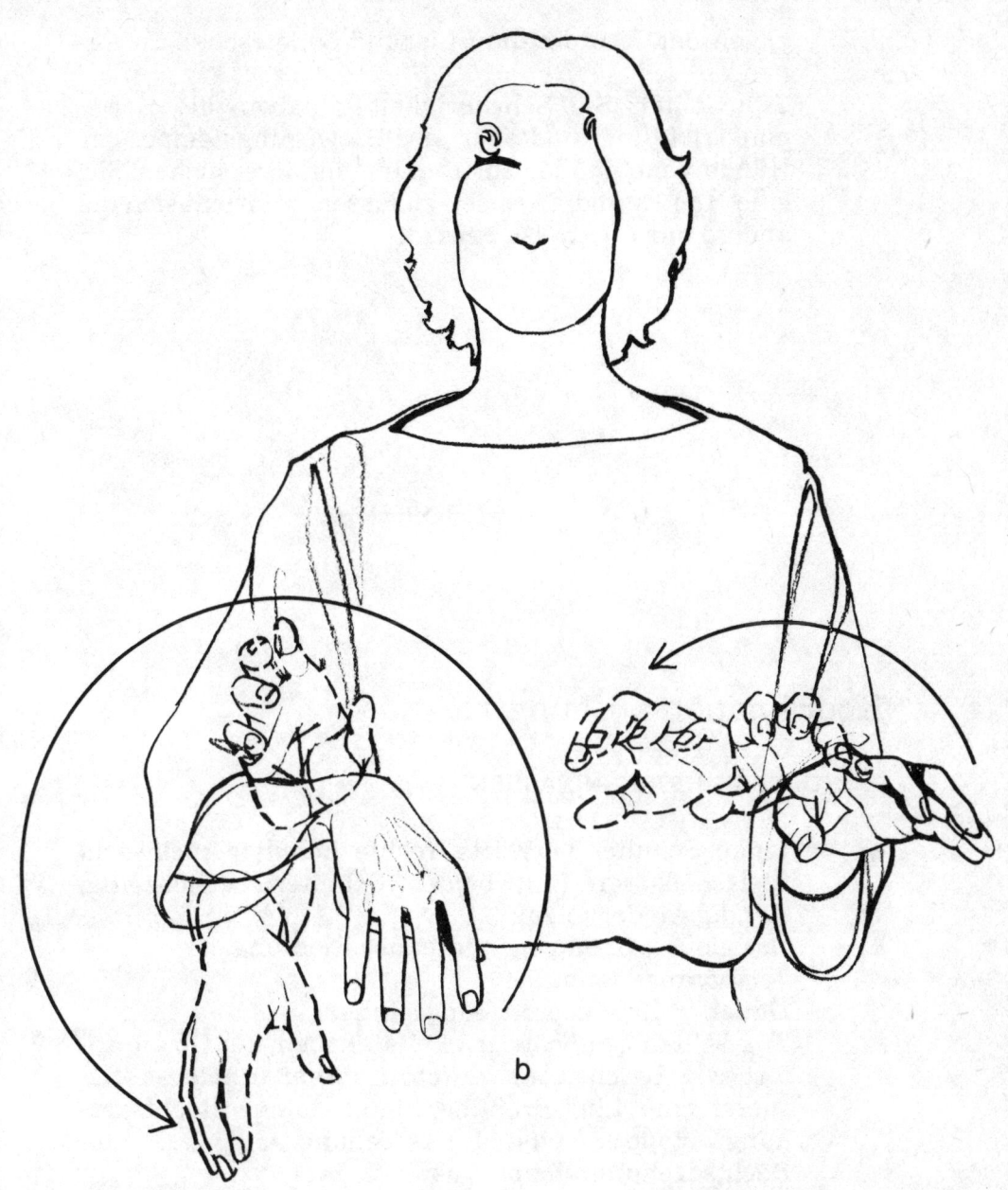

b

107

zipien der Koordination fließend beherrschen zu lernen.

Tip: Sollten Sie Schwierigkeiten haben, die Bewegungsrichtung und/oder das Bewegungstempo der Hände voneinander zu trennen, dann versuchen Sie, eine Hand ständig kreisen zu lassen, während sich die andere nur ruckweise bewegt.

Koordination · Übung 11

SCHULTERN KREISEN LASSEN:

a) Linke Schulter vorwärts, rechte Schulter rückwärts kreisen lassen (mit beiden Schultern gleichzeitig, ständig wiederholen).

b) Das gleiche in entgegengesetzter Richtung.

Tempo: angenehm.

Dauer: ± 15 Sek. pro Übungseinheit.

Tip: Sollten Sie Schwierigkeiten haben, die Übung sofort wie beschrieben durchzuführen, probieren Sie zuerst eine Linksdrehung, stopp ... eine Rechtsdrehung, stopp ... eine Linksdrehung, stopp ... eine Rechtsdrehung, stopp ... usw.

a

109

Koordination · Übung 12 →→→→

a)   Arme kreisen gleich schnell (in angenehmem Tempo).
b)   Der linke Arm verlangsamt allmählich seine Drehge-
        schwindigkeit.
c)   Nachdem der linke Arm zum Stillstand gekommen ist,
        beschleunigt er in entgegengesetzter Richtung.
d)   (Sobald beide Arme gleich schnell kreisen) die gleiche
        Übung mit dem rechten Arm durchführen.
        Dauer: insgesamt ± 2 Min.

b

e)   Arme beschreiben einen Würfel (parallel zueinander).
f)   Das gleiche Bewegungsmuster *versetzt* zeichnen (Arme in 90-Grad-Position).
g)   Arme in 180-Grad-Position.
Tempo: angenehm.
Dauer: ± 1 Min.
Tip: Um Anfangsschwierigkeiten zu überbrücken, sollten Sie das Würfelmuster zuerst einmal im Blickfeld zeichnen (das heißt vor dem Körper) ... und es dann zu den Seiten hin allmählich anwachsen lassen. (Stellen Sie sich vor, Sie stehen zwischen zwei Wandtafeln und halten in jeder Hand ein Stück Kreide ... das wird Ihnen helfen, sich das Muster zu vergegenwärtigen.)

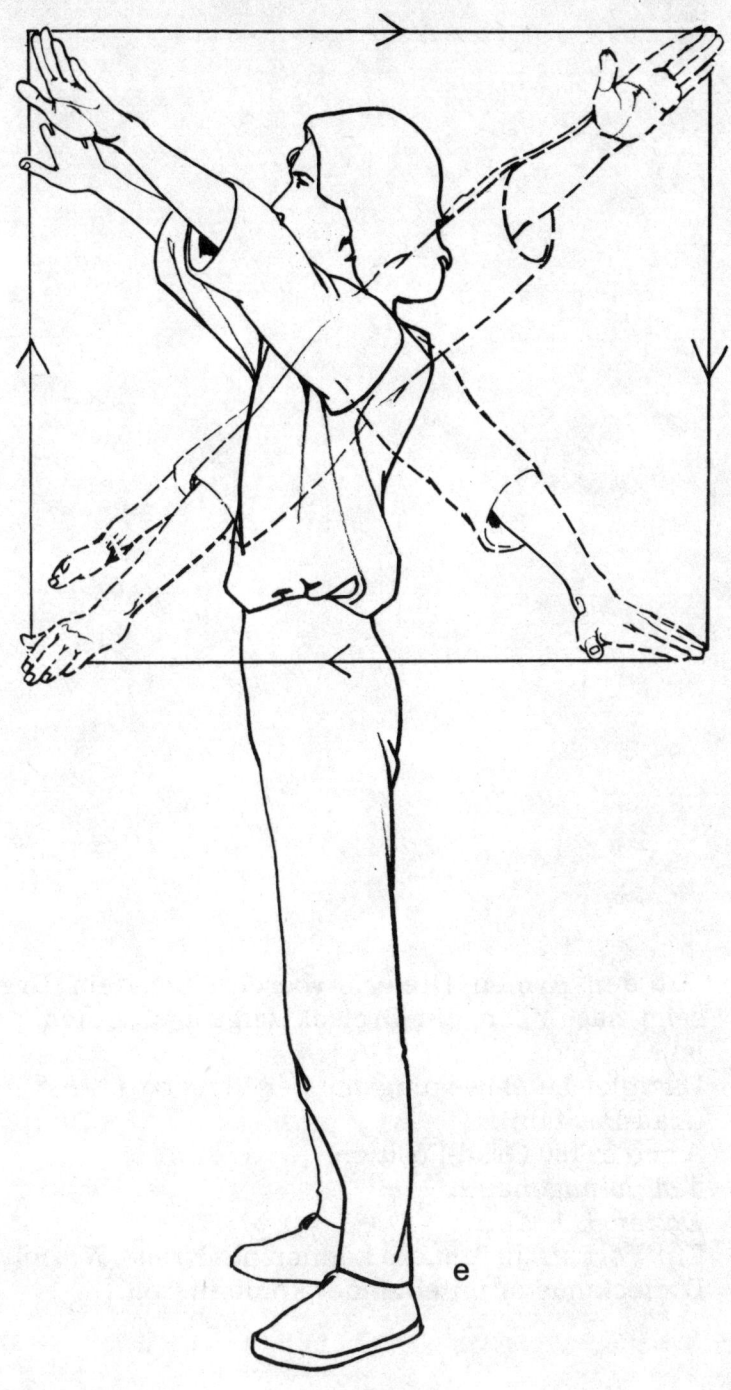

e

h) Mit den Armen Dreiecke beschreiben (ein Dreieck
    zeigt nach oben, ein Dreieck zeigt nach unten; paral-
    lel).

i) Das gleiche Bewegungsmuster versetzt (Arme in 90-
    Grad-Position).

j) Arme in 180-Grad-Position.
    Tempo: angenehm.
    Dauer: ± 1 Min.
    Tip: Fortgeschrittenere können die Kreis-, Würfel- und
    Dreieckmuster miteinander kombinieren.

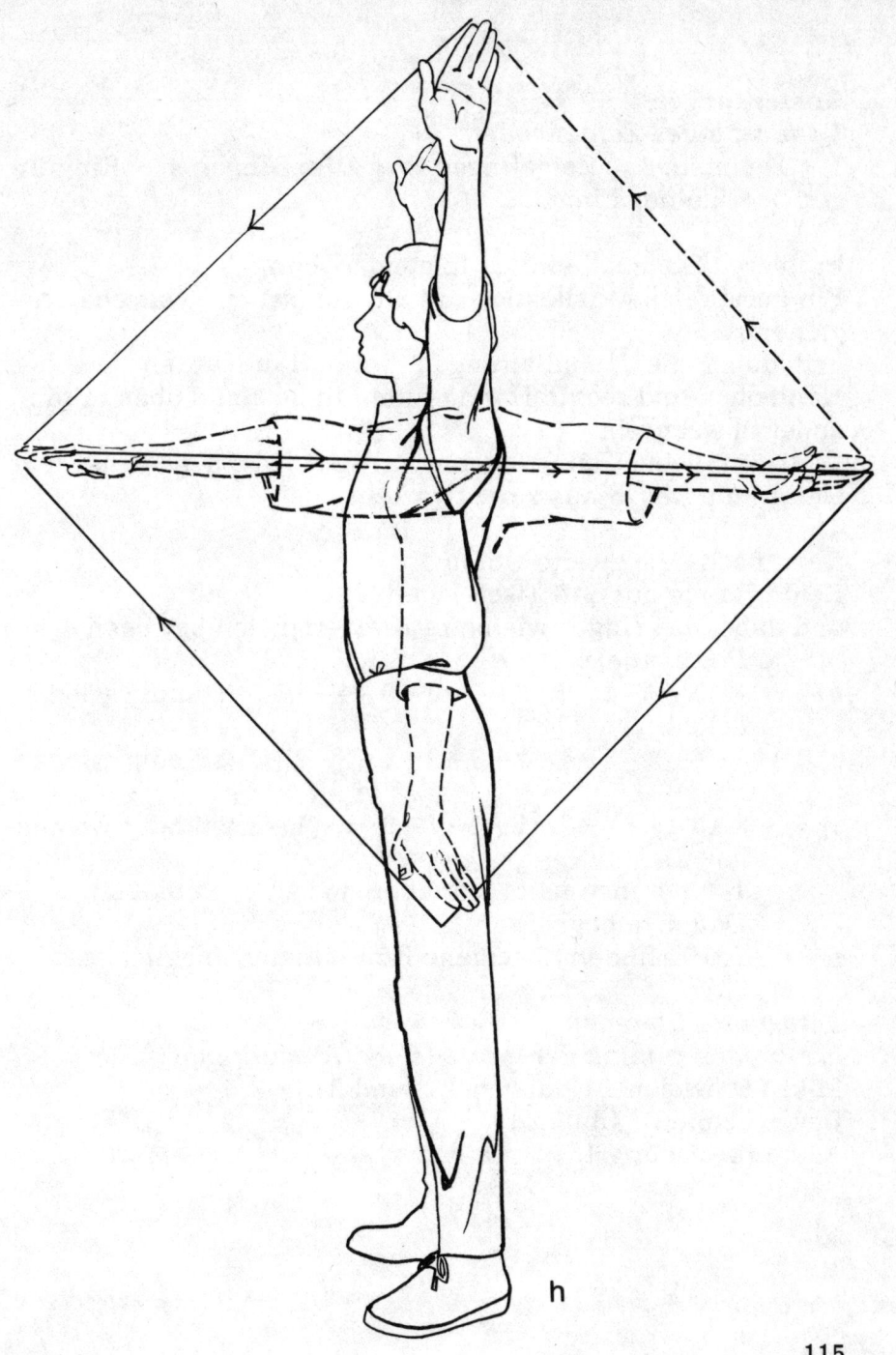

h

Anmerkungen

Erklärung des Zahlencodes:
1 = Daumen, 2 = Zeigefinger, 3 = Mittelfinger, 4 = Ringfinger, 5 = kleiner Finger.

Probieren Sie auch einmal folgende Übung:
Ein geeignetes Musikstück mit rhythmischem Klatschen begleiten ...
und dabei die Handhaltungen linke Hand unten / rechte Hand oben und rechte Hand unten / linke Hand oben miteinander abwechseln.
Diese einfache Übung ist hervorragend dazu geeignet, ein Gefühl für Rhythmus zu entwickeln.

Dazu noch eine zweite Übung:
Beide Hände auf den Tisch legen ...
und dabei die Finger wie beim Klavierspielen bewegen.

Bewegungsmuster:

a) $4 - 5 - 3 - 4 - 5 - 3 - 4 - 3 - 5 - 4 - 3 - 5$ (ständig wiederholen).

b) $3 - 4 - 2 - 3 - 4 - 2 - 3 - 2 - 4 - 3 - 2 - 4$ (ständig wiederholen).

c) $2 - 3 - 1 - 2 - 3 - 1 - 2 - 1 - 3 - 2 - 1 - 3$ (ständig wiederholen).

Tempo: angenehm (vor allem jedoch regelmäßig).
Dauer: unbegrenzt.
Tip: Erfinden Sie eigene Kombinationsmöglichkeiten.

Verwandte Übungen:
Konditionstraining der Arme (siehe *Anmerkungen*),
Mikro-Präzision / Übungen 1, 2 und 3,
Beweglichkeit / Übung 1,
Ästhetik / Übung 1.

Beweglichkeit

Beweglichkeit · Übung 1

Ausgangsstellung: die kleinen Finger in zwei imaginäre Schlüssellöcher stecken.

a) Arme und Hände drehen sich um die Achse (Arme sind dabei nach vorn ausgestreckt, Ellbogen leicht angewinkelt; ständig wiederholen).

b) Das gleiche mit seitwärts ausgestreckten Armen.

c) Das gleiche mit hochgestreckten Armen.

d) Achse auf die Ringfinger verlagern (Arme sind nach vorn gestreckt).

e) Arme sind zur Seite gestreckt.

f) Arme sind hochgestreckt.

g) Achse auf die Mittelfinger verlagern (Arme sind nach vorn gestreckt).

h) Arme sind zur Seite gestreckt.

i) Arme sind hochgestreckt.

j) Achse auf die Zeigefinger verlagern (Arme vorwärts).

k) Arme seitwärts.

l) Arme hoch.

m) Achse auf die Daumen verlagern (Arme und Daumen sind nach vorn gestreckt).

n) Seitwärts.

o) Hoch.

Tempo: zügig.

Dauer: ± 10 Sek. pro Übungseinheit.

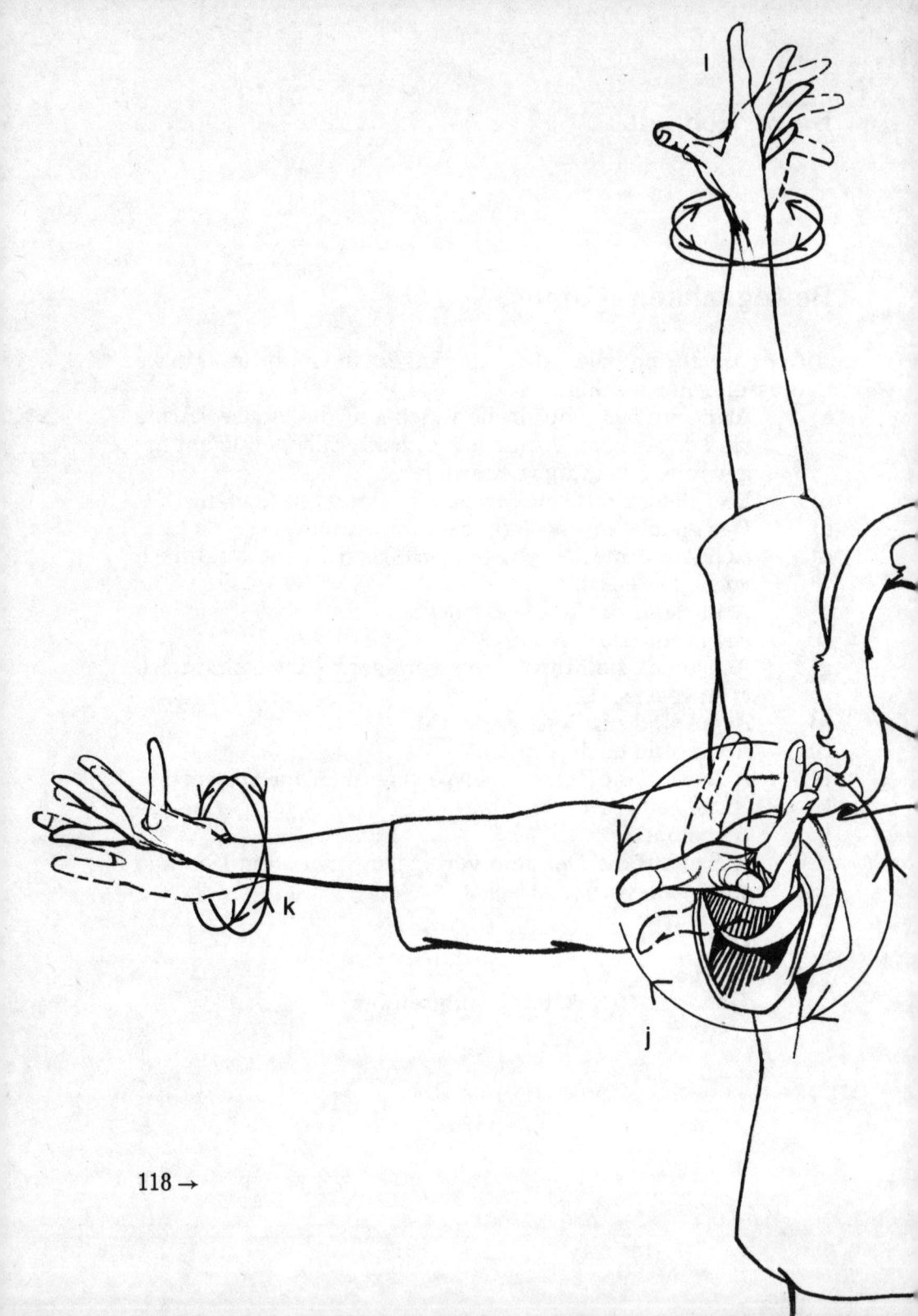

j

k

l

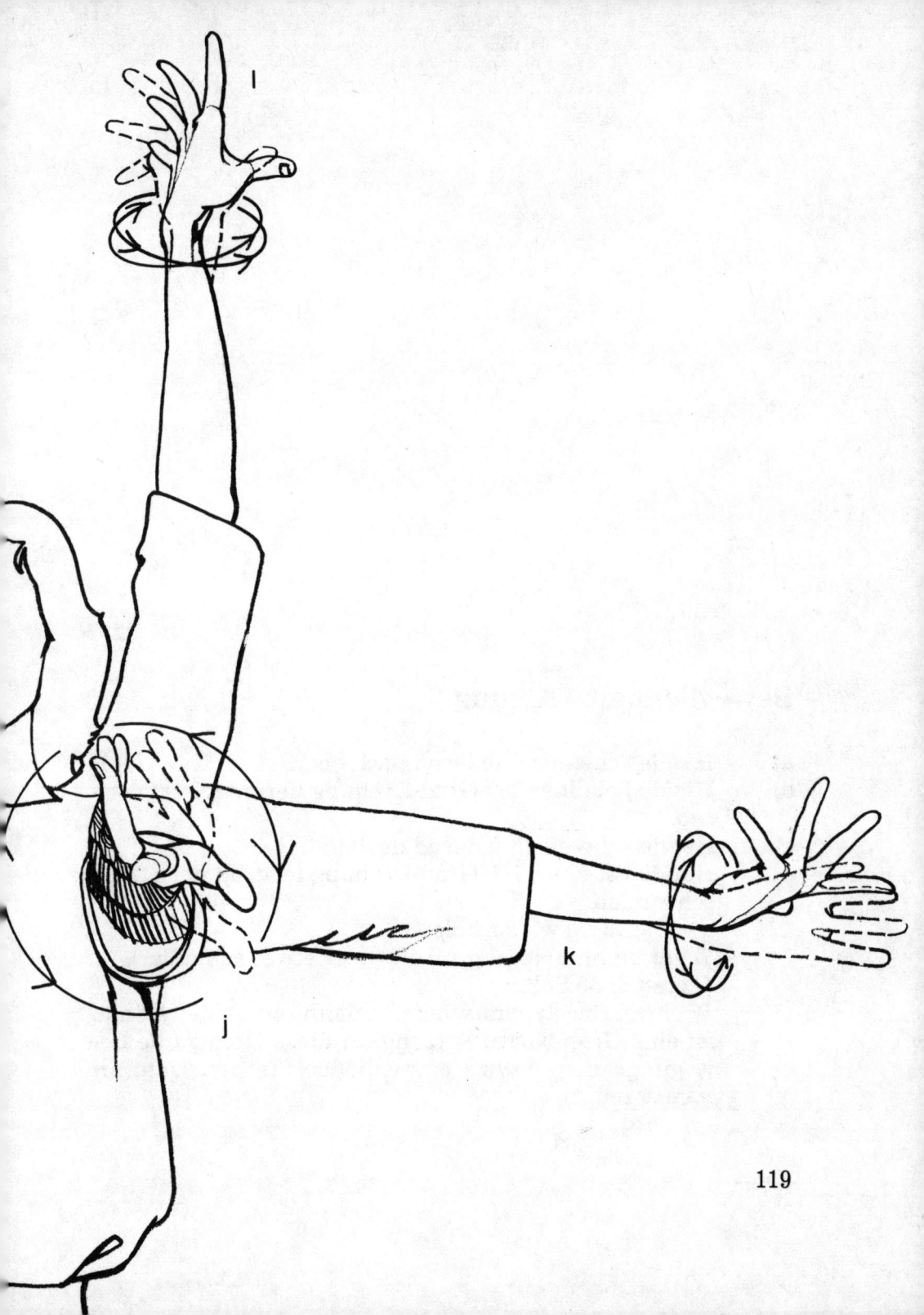

j

k

l

Beweglichkeit · Übung 2

a)   Hände schwingen federnd nach oben.
b)   Hände bei einer 180-Grad-Drehung herunterfallen las-
     sen.
c)   Hände schwingen federnd nach unten.
d)   Hände bei einer 180-Grad-Drehung federnd nach oben
     schwingen.
     a – d: ständig wiederholen.
     Tempo: einmal a – d pro Sek. (oder etwas schneller).
     Dauer: ± 30 Sek.
     Wichtig: Die dynamische Entspannung beider Hände
     ist eine Grundvoraussetzung für diese Übung (die Be-
     wegungsenergie wird ausschließlich in den Unterar-
     men erzeugt).

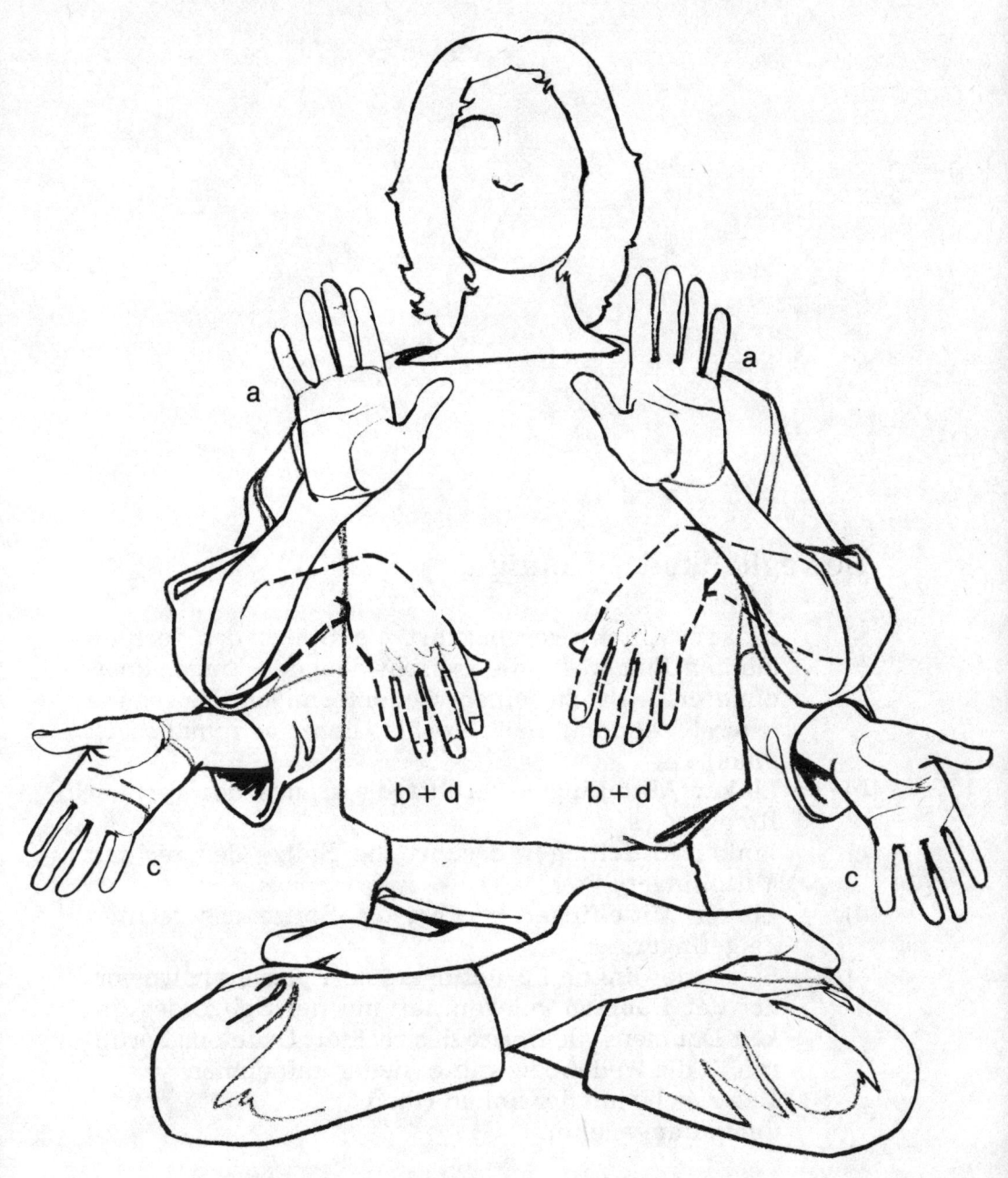

Beweglichkeit · Übung 3

a)   Linker Mittelfinger berührt die Spitze des rechten kleinen Fingers ... die freischwebenden Finger koordinieren sich zu einer wellenförmigen Bewegung (zuerst zehnmal nach rechts, dann zehnmal nach links).

b)   Linker Mittelfinger berührt die Spitze des rechten Ringfingers.

c)   Linker Mittelfinger berührt die Spitze des rechten Mittelfingers.

d)   Linker Mittelfinger berührt die Spitze des rechten Zeigefingers.

e)   Spitze des linken Mittelfingers dort placieren, wo vorher der Daumen gelegen hat; mit der Spitze des linken Daumens die Spitze des rechten Daumens berühren ... die Wellenbewegung wieder aufnehmen.

f – j)   Das gleiche mit der linken Hand.
        Tempo: angenehm.

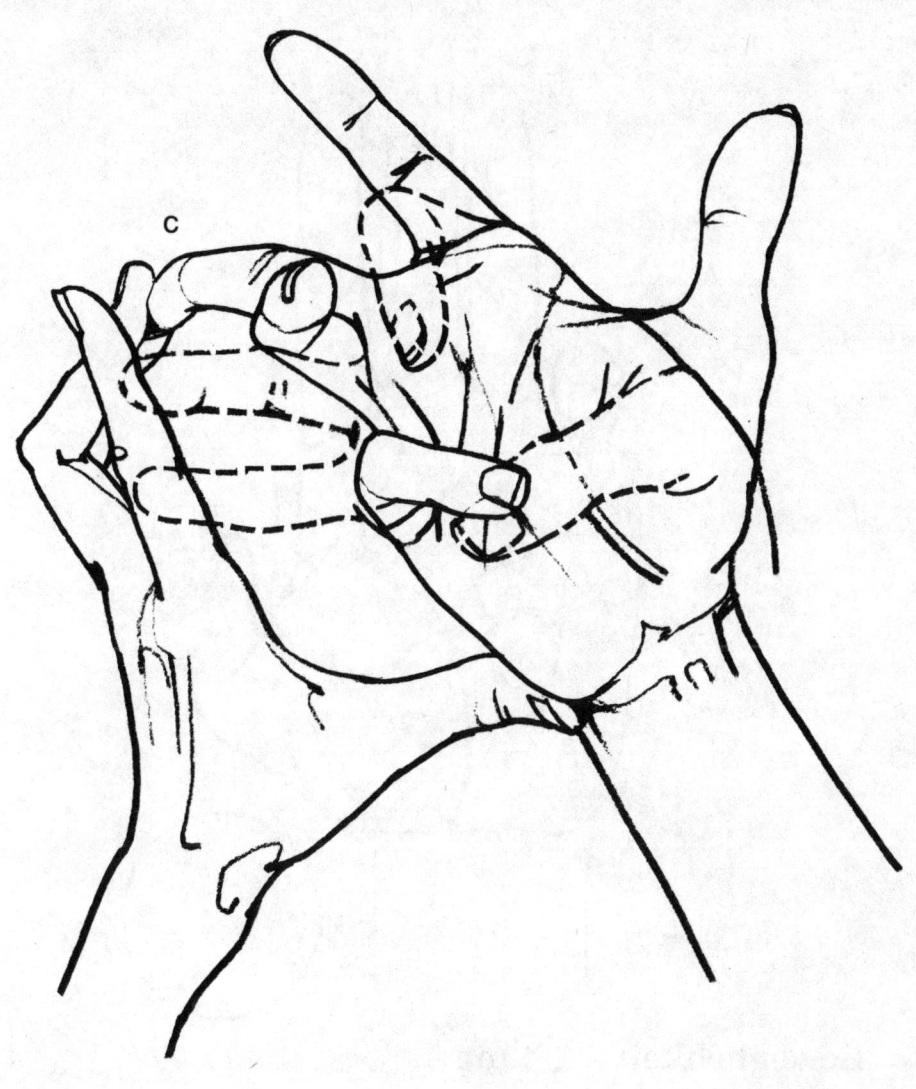

c

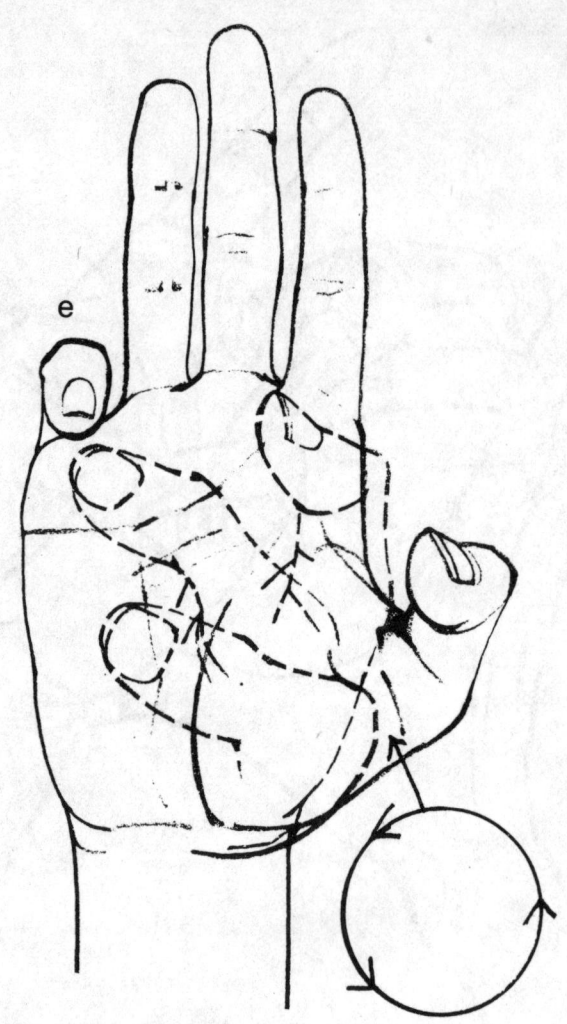

e

Beweglichkeit · Übung 4

Mit beiden Händen gleichzeitig:
a)   Den angewinkelten Daumen in beide Richtungen kreisen lassen.
b)   Das gleiche mit angewinkelten Zeigefingern.

c)   Das gleiche mit angewinkelten Mittelfingern.

d)   Das gleiche mit angewinkelten Ringfingern.

e)   Das gleiche mit angewinkelten kleinen Fingern.

Tempo: angenehm.

Dauer: ± 5 Sek. pro Drehrichtung.

Wichtig: Punkte b – e sind nur für Fortgeschrittene geeignet; wer sich auf Punkt a beschränkt, sollte die Übungsdauer etwas ausdehnen.

Beweglichkeit · Übung 5

a)   Zwischen Daumenspitze und Spitze des kleinen Fingers einen Kugelschreiber halten ... mit dem Handgelenk eine achtförmige Bewegung ausführen (wenn möglich, mit zwei Kugelschreibern, das heißt jeweils einen in jeder Hand).

b – d)   Kugelschreiber zwischen Daumen und Ringfinger, zwischen Daumen und Mittelfinger, zwischen Daumen und Zeigefinger.

Tempo: angenehm.

Dauer: ± 30 Sek. pro Übungseinheit.

Abwandlung: eigene Kombinationsmöglichkeiten entwickeln unter Verwendung kürzerer Stifte (1, 2, 3 oder 4 in jeder Hand).

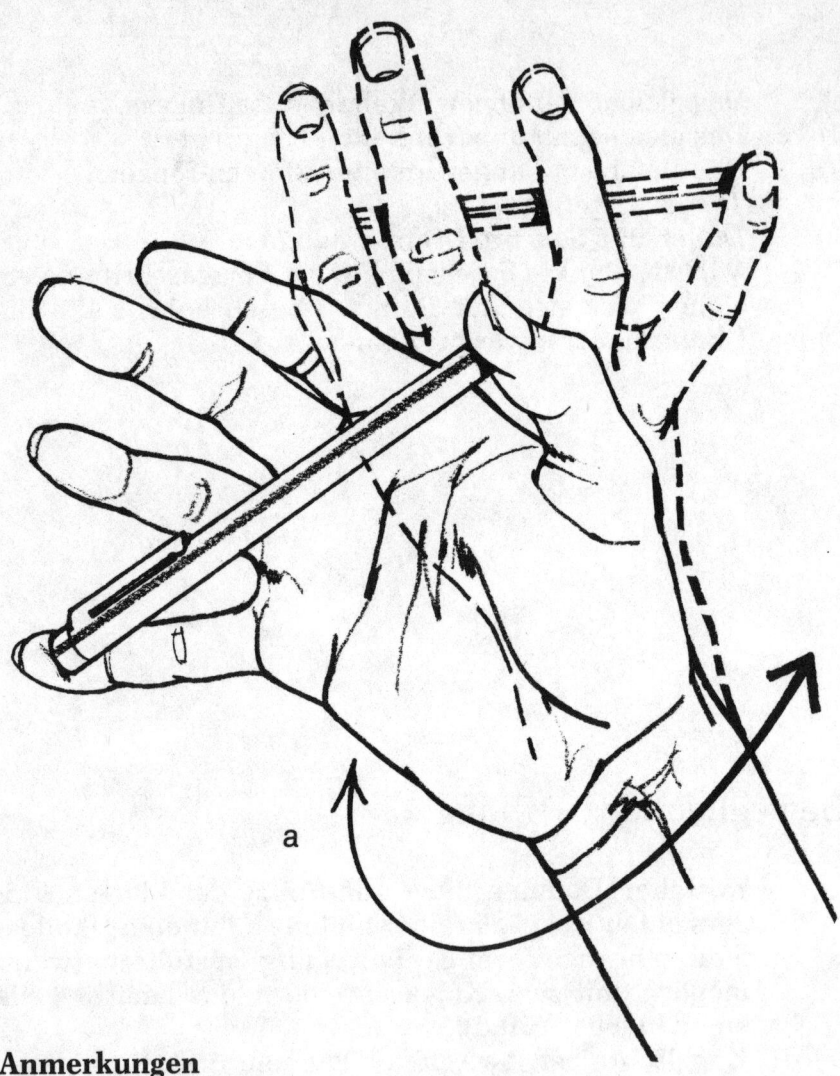

a

Anmerkungen
Verwandte Übungen:
Konditionstraining der Hände (das gesamte Übungspro-
gramm),
Konditionstraining der Arme (siehe *Anmerkungen*),
Sensibilität / Übungen 1, 2, 3, 4 und 5,
Psychophysisches Gleichgewicht / Übungen 1, 2 und 3,
Hand-Hirn-Rückkopplung / Übung 2.

Sensibilität

Sensibilität · Übung 1

a) *Ausgangsstellung:* Auf dem Fußboden eine Stelle suchen, von der aus viele Dinge, die sich unterschiedlich anfühlen, leicht zu erreichen sind ... die Augen schließen.

a.a) Mit den Händen erkunden, *wie* sich die Dinge anfühlen (± 3 Min.).

a.b) Die Bewegungen verlangsamen (das steigert die Konzentration beim Wahrnehmen) ... den Teppich mit den Handflächen berühren (± 30 Sek.) ... mit den Fingerspitzen (± 30 Sek.) ... mit den Handrücken (± 30 Sek.) ... mit der Rückseite der Finger (± 30 Sek.) ... mit jeder Fingerspitze einzeln (± 15 Sek. pro Finger).

a.c) Die Unterschiede wahrnehmen, die sich aus der einhändigen (*Mono*-) und der beidhändigen (*Stereo*-)Berührung eines Gegenstandes ergeben ... dich dabei vornehmlich auf die Form (anstatt auf den Gebrauchswert) konzentrieren ... dich dann auf die Oberfläche (anstatt auf die Form oder den Gebrauchswert) konzentrieren ... dich auf den Daumen konzentrieren (wo der größte Teil unserer Energie gespeichert wird) ... dich auf den kleinen Finger konzentrieren (dadurch wird ein neues Gefühl der Ausgeglichenheit erreicht, das wiederum den Weg frei macht, so daß subtilere Energien hereinströmen können).

b) *Ausgangsstellung:* Die Hände liegen im Schoß ... die Augen bleiben geschlossen.

b.a) Die Haut vom Scheitel bis zur Sohle bewußt wahrnehmen ... und dabei entdecken, daß du von einem Netz von Tastrezeptoren umgeben bist ... dich öffnen für Berührungen. Eindrücke kommen vom Gesäß ... von der Kleidung ... vom Haar.

127→

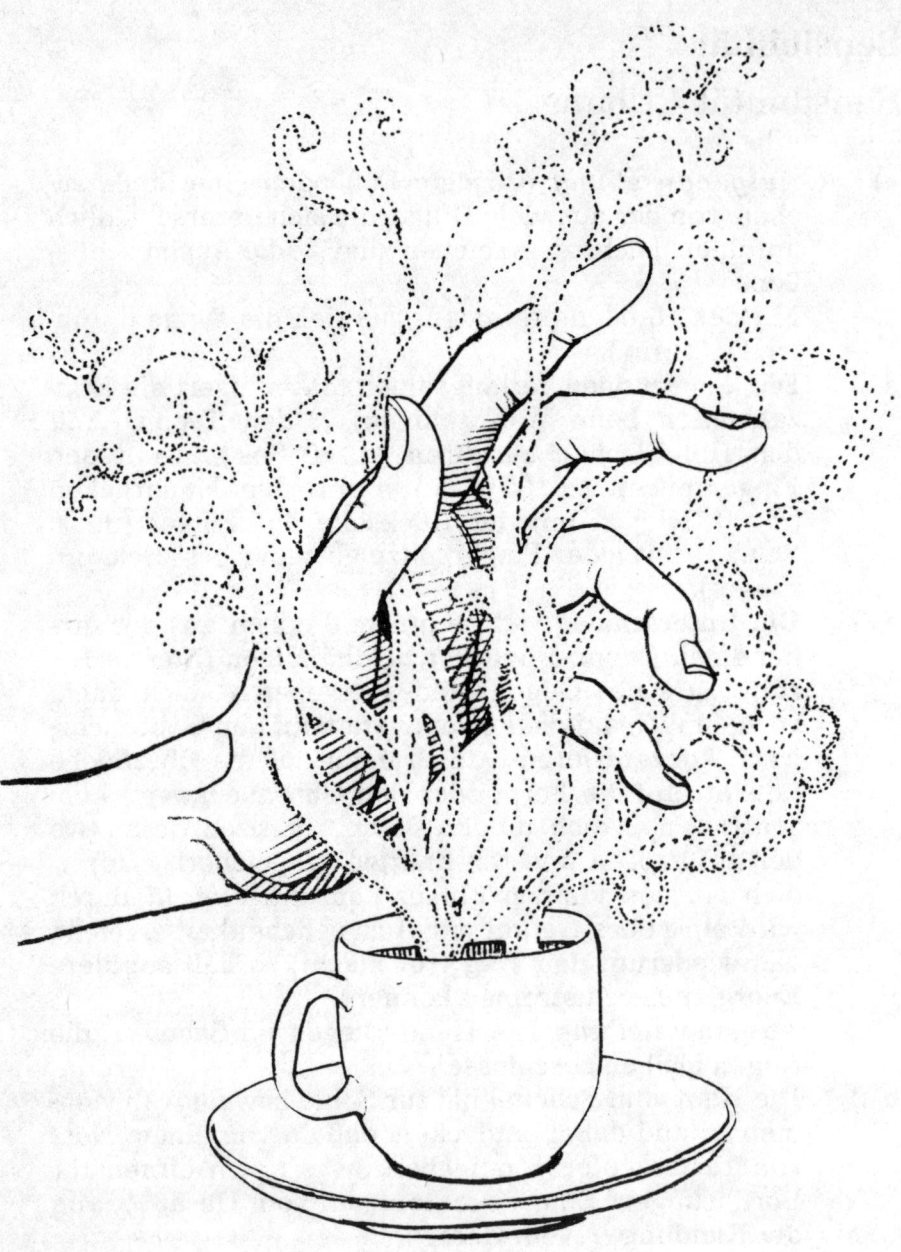

128

b.b)   (Während der Zustand einer umfassenden Wahrnehmung aller Tastempfindungen anhält) sanfte Handbe-
wegungen machen ... und fühlen, wie die Luftströme
um die Haut streichen.

b.c)   Die Handflächen auf eine beliebige Stelle der Beine
legen ... und dir die Unterschiede zwischen *aktiver*
Berührung (an den Händen) und *passiver* Berührung
(an den Beinen) bewußtmachen ... durch anfängliches
Streichen über den Teppich, dann über die Beine die
verschiedenen Relationen zwischen aktiver und passiver Berührung erleben ... versuchen, den passiven
Berührungseindrücken gegenüber den aktiven den
Vorrang zu lassen.

b.d)   Beide Hände auf das rechte Bein legen ... den Tastsinn gebrauchen, um damit »unter« die Haut zu gehen ... ebenso andere Körperteile untersuchen ... besonders darauf achten, ob sich die Muskeln, die man
fühlt, in einem Spannungszustand befinden ... wenn
dies der Fall ist, versuchen, die Muskelverspannung
durch Massieren zu lösen (dabei kann es von Nutzen
sein, sich den Körper als ein Kind vorzustellen, das
von den feinfühligen Händen einer liebenden Mutter
umsorgt wird) ... beide Hände zur Nacken-Schulter-
Partie führen (wo es am ehesten zu Verspannungen
kommt) ... (nach dem Massieren) den Kopf in die
Hände sinken lassen.

b.e)   Mit allen zehn Fingerspitzen die Stirn berühren ...
Fingerspitzen (so langsam wie möglich) bis zum Nak-
ken herunterwandern lassen (keinen Druck aus-
üben ... die Fingerspitzen sollen sich flexibel an die
natürliche Form dessen, was sie fühlen, anpassen können) ... (das gleiche sanfte Abtastverfahren anwen-
den) jedoch nur einen Finger jeder Hand gebrauchen,
um die Konturen mit äußerster Konzentration zu erforschen ... das gleiche mit anderen Körperteilen wiederholen.

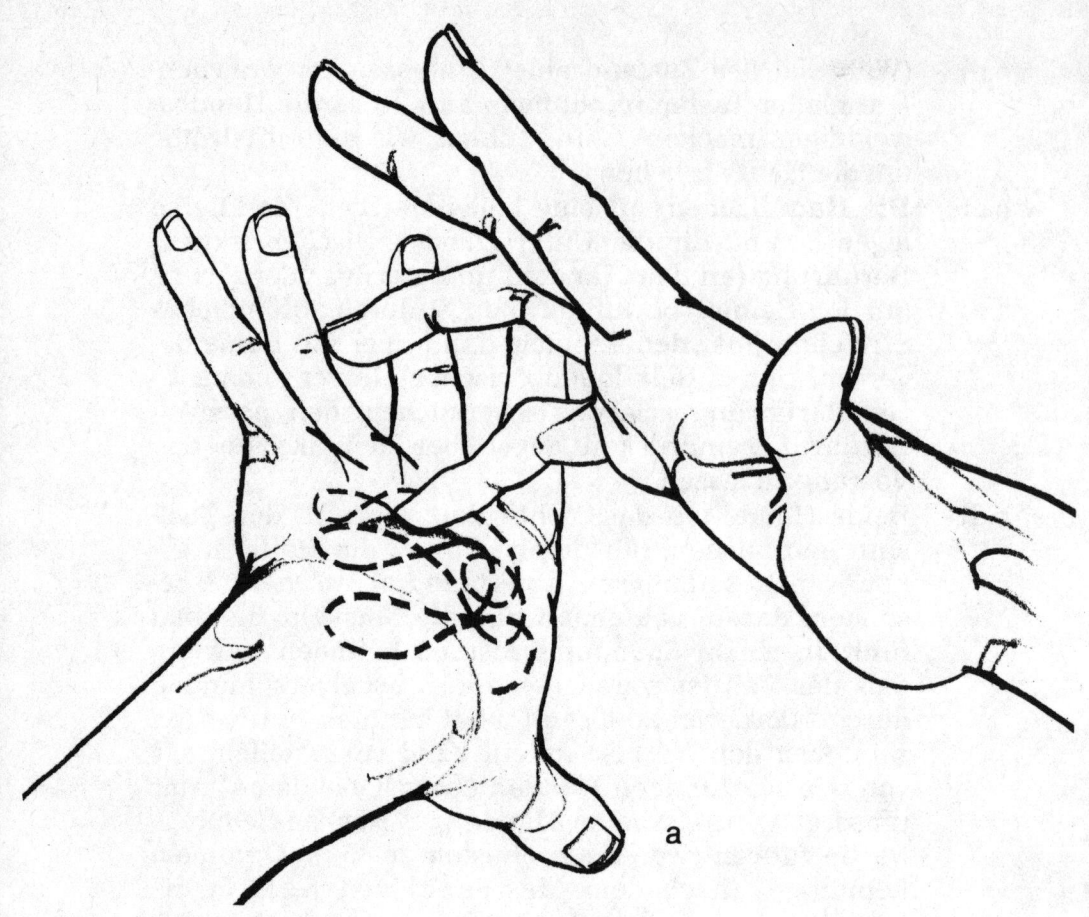

a

Sensibilität · Übung 2

ERFORSCHUNG DER TASTDIMENSIONEN *(mit dem kleinen Finger):*

a)   Handrücken,
b)   Handfläche,
c)   Unterarm,
d)   Oberarm.
       Tempo: langsam.

130

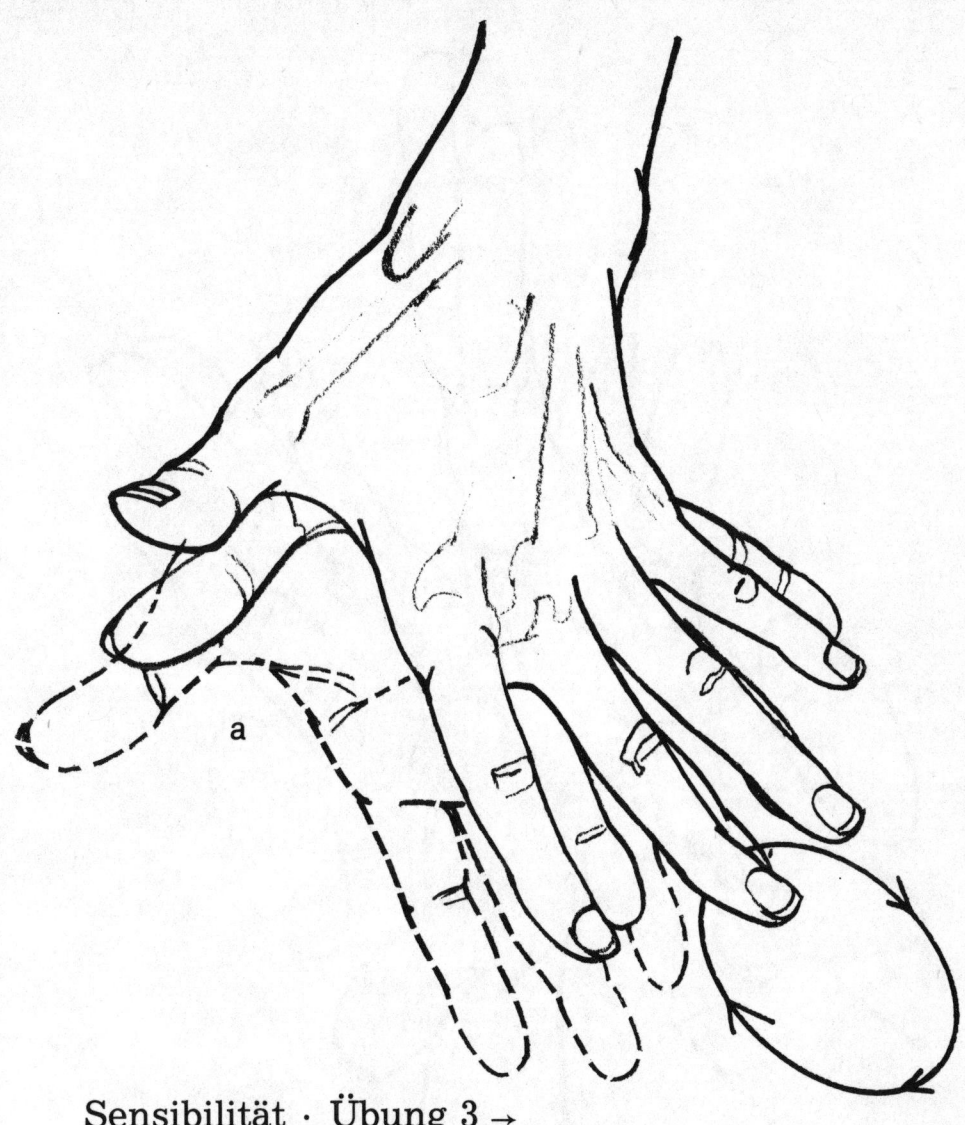

a

Sensibilität · Übung 3 →

HANDFLÄCHEN KREISFÖRMIG ANEINANDERREIBEN:

a)   an den Wurzelgelenken,

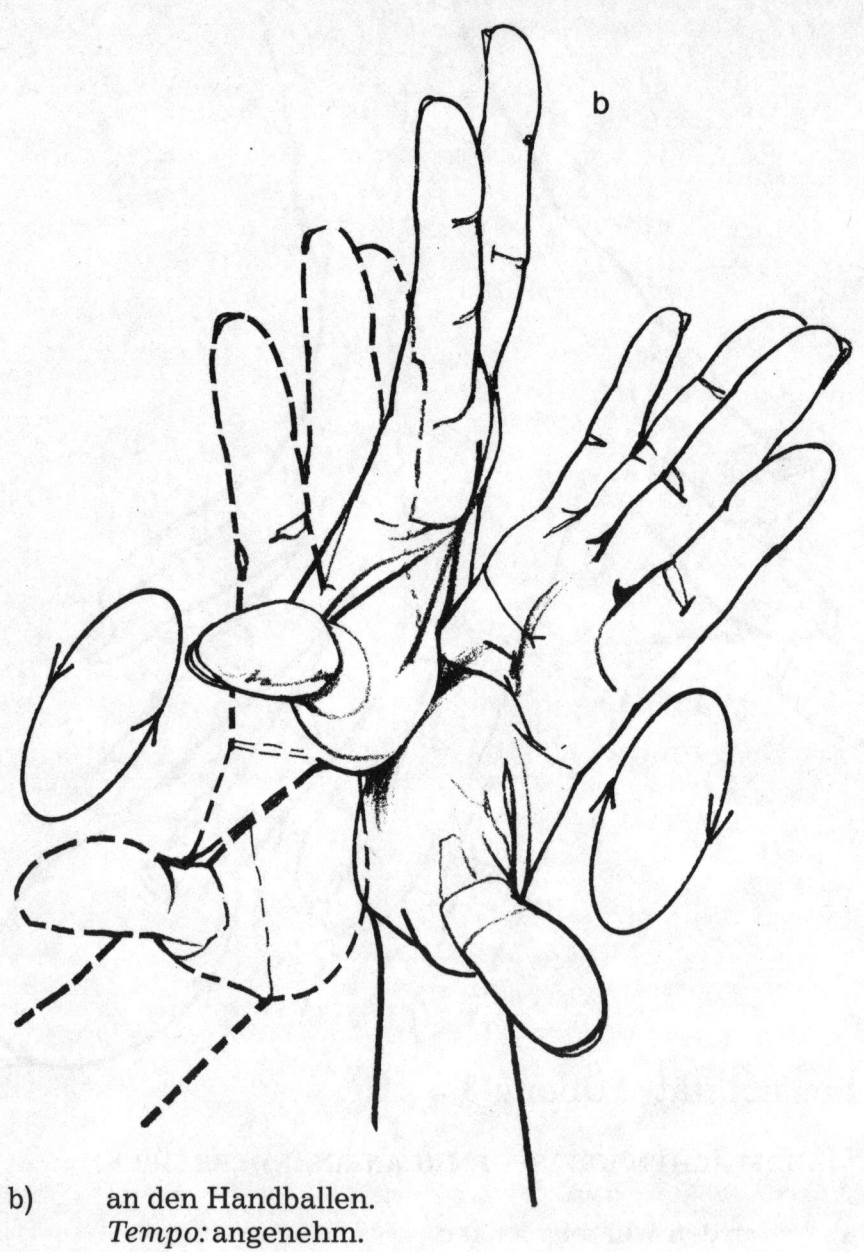

b

b)   an den Handballen.
       Tempo: angenehm.

a

Sensibilität · Übung 4 →→

M<small>INIMALBERÜHRUNG</small>:

a)   Handflächen so gegeneinanderhalten, daß sie sich gerade noch berühren.

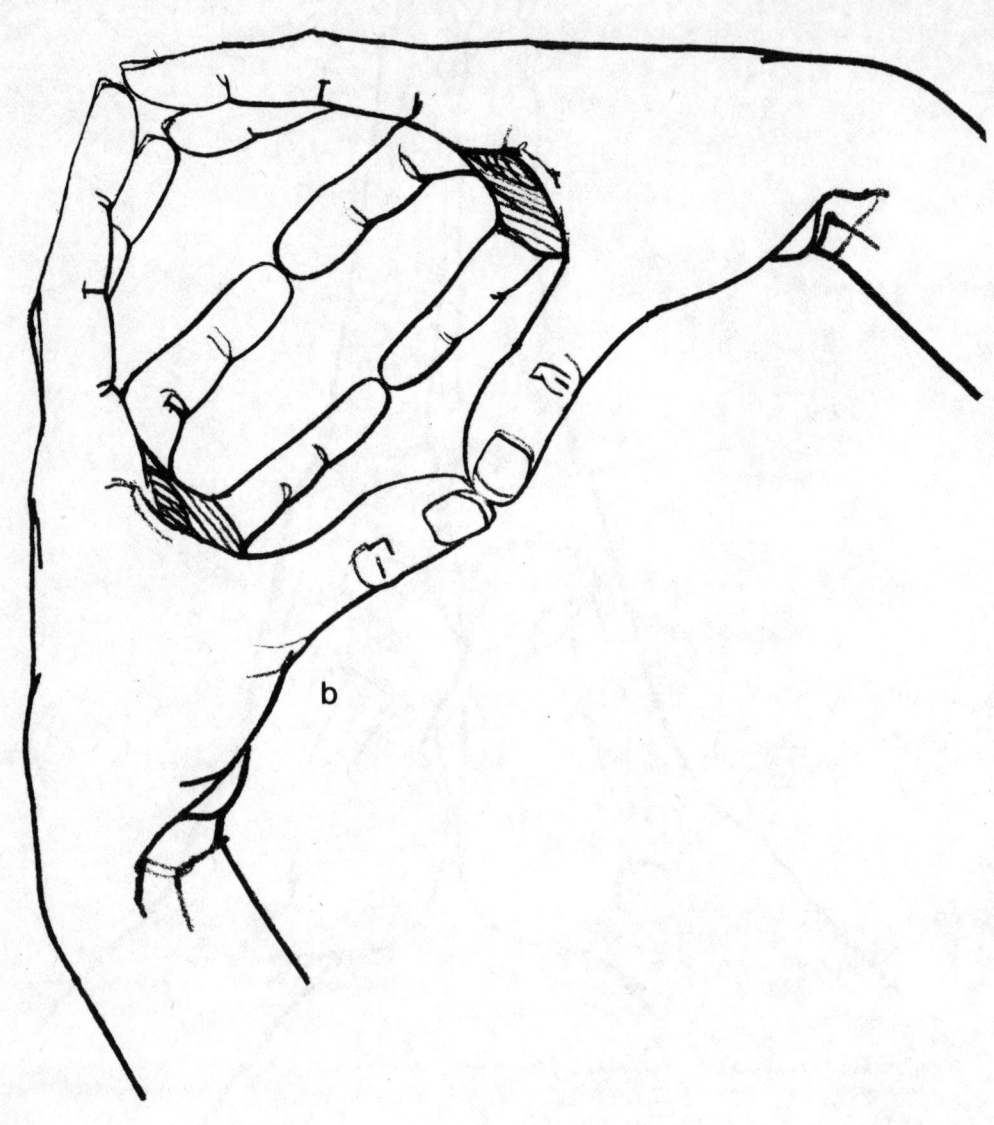

b

b)   Nur die Fingerspitzen berühren sich.

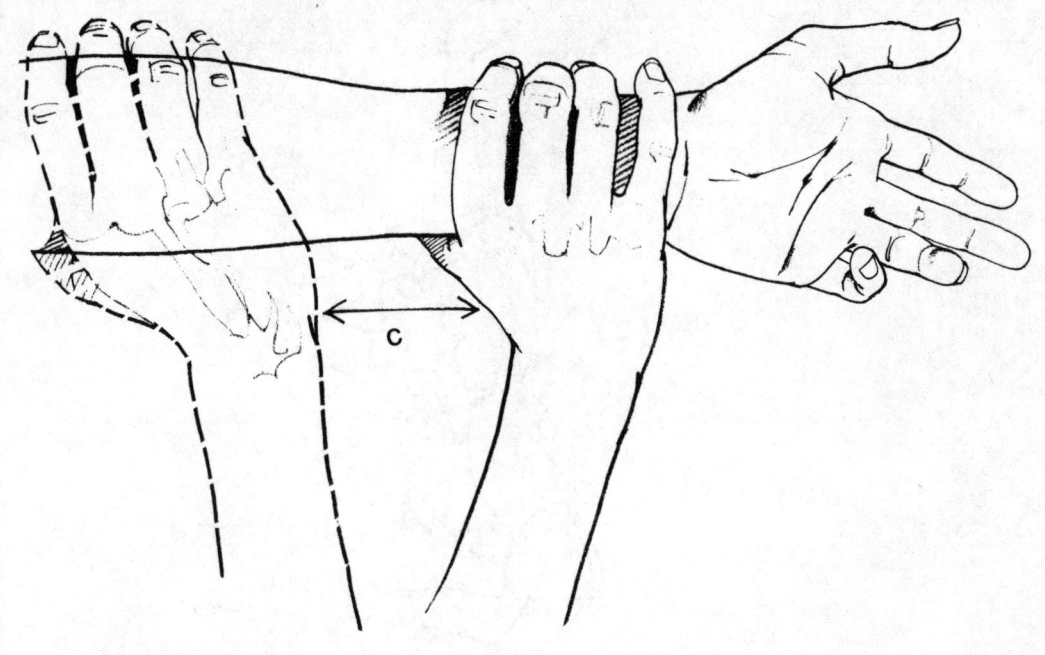

c

c)   Mit der Innenfläche der Hand (langsam) über Unter-
und Oberarme streichen.

d)   Das gleiche mit anderen Körperteilen.

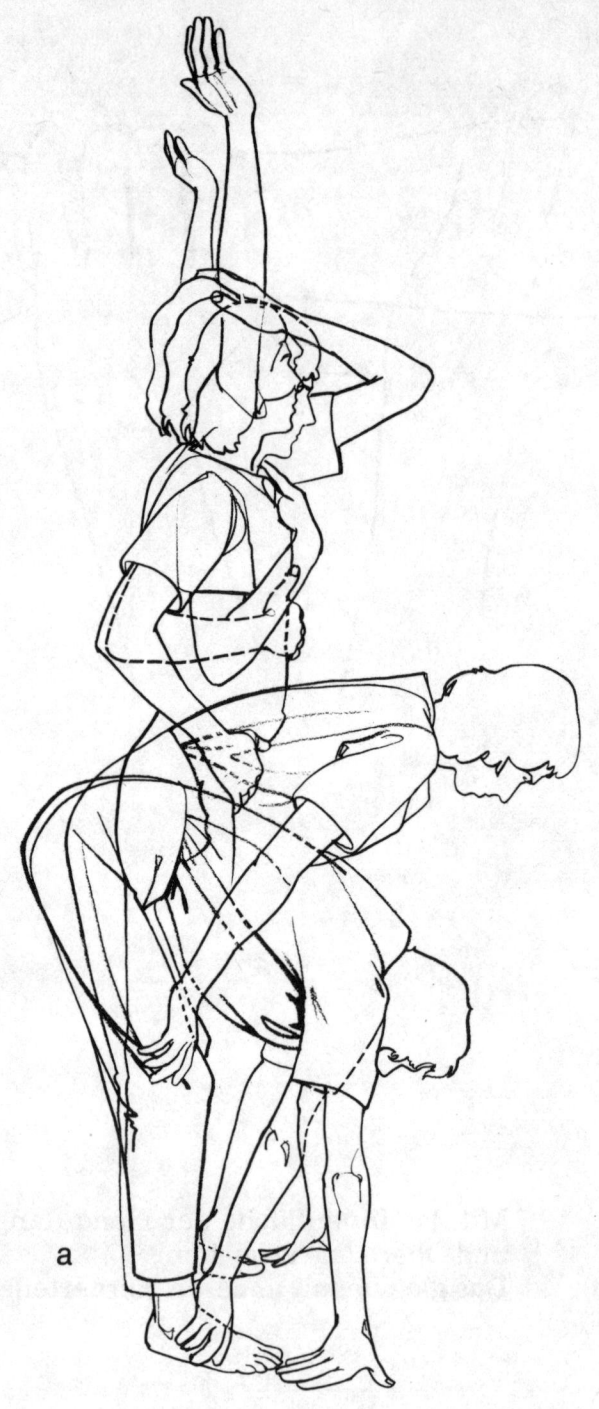

a

Sensibilität · Übung 5

AUSDRUCK VON ZÄRTLICHKEIT:

a)   Durch Streicheln des eigenen Körpers.
b)   Kinder und/oder Haustiere streicheln.
c)   Freunde streicheln (sexuelle Nebengedanken vermeiden ... die Freunde über den Entwicklungsprozeß informieren, den man gerade durchläuft).

Anmerkungen
Um das ganze Spektrum an Körperkontakten erfahren zu können, ist es zunächst einmal nötig, eine innere Aufnahmefähigkeit zu entwickeln (das heißt, es muß ein Raum geschaffen werden, in dem sich die zunehmend feineren Nuancen der sinnlichen Wahrnehmung zu einem Frequenzband vereinigen).
Jeder Versuch in diese Richtung erfordert ein echtes Maß an Anstrengung, um die ertastbaren Eigenschaften aller Dinge zu erforschen, für die wir den Tastsinn verloren haben.
Wer sich auf diese Weise regelmäßig selbst resensibilisiert, wird erfahren, daß sich sein Bewußtsein für die Realität unendlich erweitert.

Verwandte Übungen:
Konditionstraining der Arme (siehe *Anmerkungen*),
Psychophysisches Gleichgewicht / Übung 3,
Hand-Hirn-Rückkopplung / Übung 2,
Bioenergie / Übungen 1 und 2.

Dynamische Entspannung

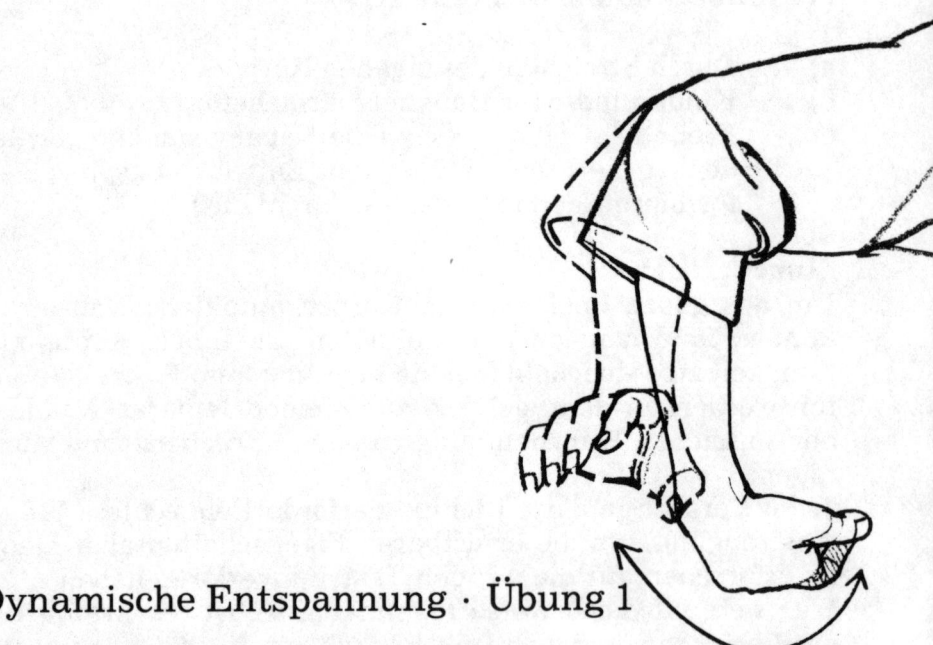

Dynamische Entspannung · Übung 1

Ausgangsstellung: Oberarme befinden sich in der Waagerechten ... Hände sind entspannt.
Hände federnd vor und zurückschwingen lassen (die Bewegungsenergie wird ausschließlich in den Unterarmen erzeugt).
Tempo: schnell.
Dauer: 15 Sek. (oder länger).

139

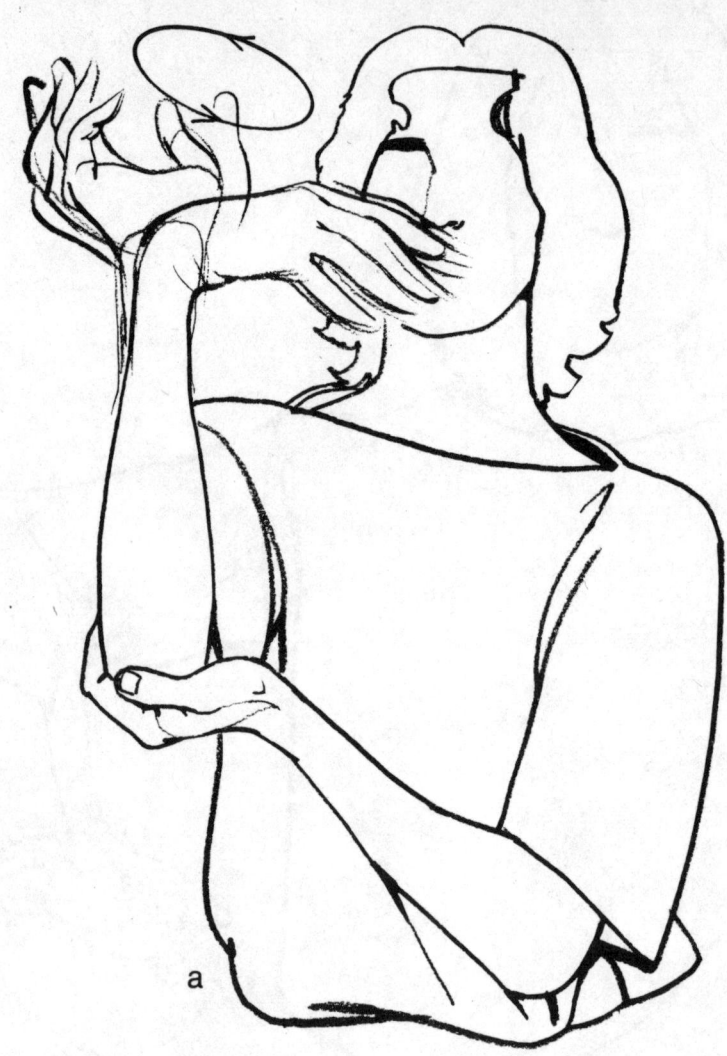

a

Dynamische Entspannung · Übung 2 →

a)   Den rechten Unterarm mit der linken Hand am Ellbo-
      gen abstützen ... die (entspannte) rechte Hand im
      Kreise herumwirbeln lassen.
b)   Das gleiche mit der linken Hand.
      Dauer: ± 30 Sek.

c

c)   Mit der linken Hand den rechten Oberam festhalten (in Schulternähe; den Oberarm gegen die Brust drük-ken) ... den (entspannten) Unterarm und die Hand im Kreise herumwirbeln lassen.

d)   Das gleiche mit der rechten Hand und dem rechten Unterarm.

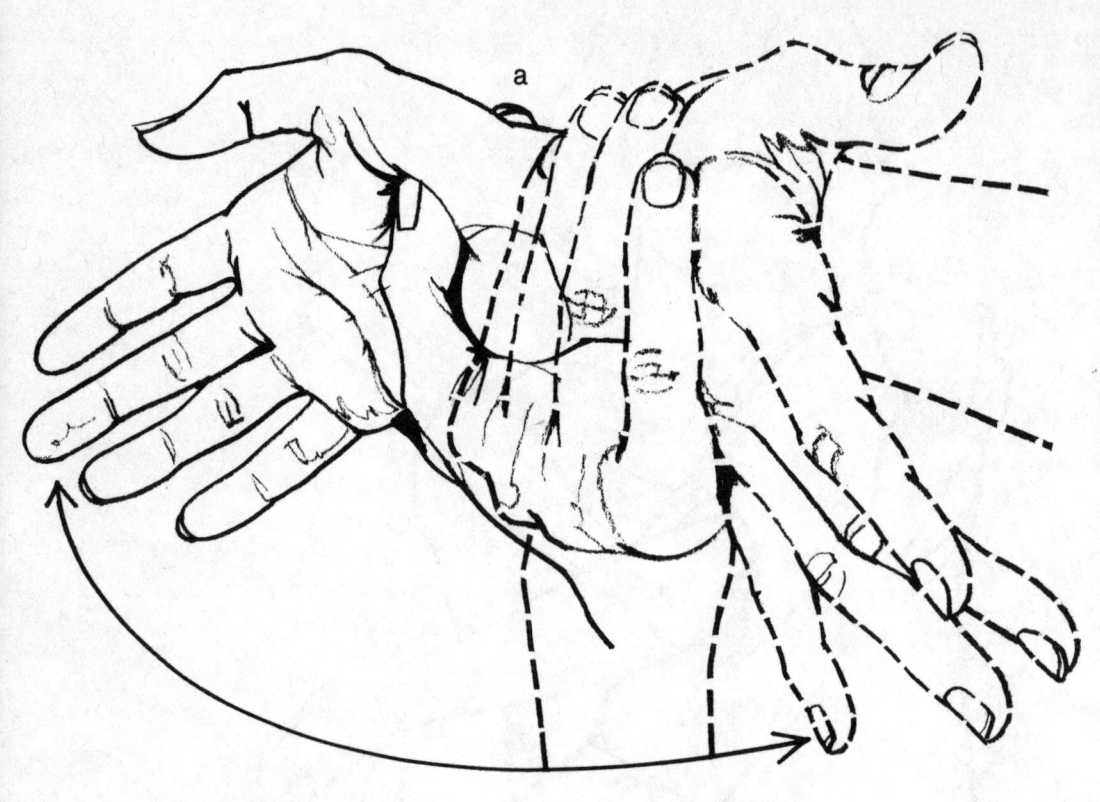

a

Dynamische Entspannung · Übung 3 →→→→

a) Linken Daumen auf die (sehr empfindliche) Druckstelle am Handballen der rechten Hand (»Maus«) legen ... mit der linken die rechte Hand hin und her
schwenken.

b) Das gleiche mit der anderen Hand.

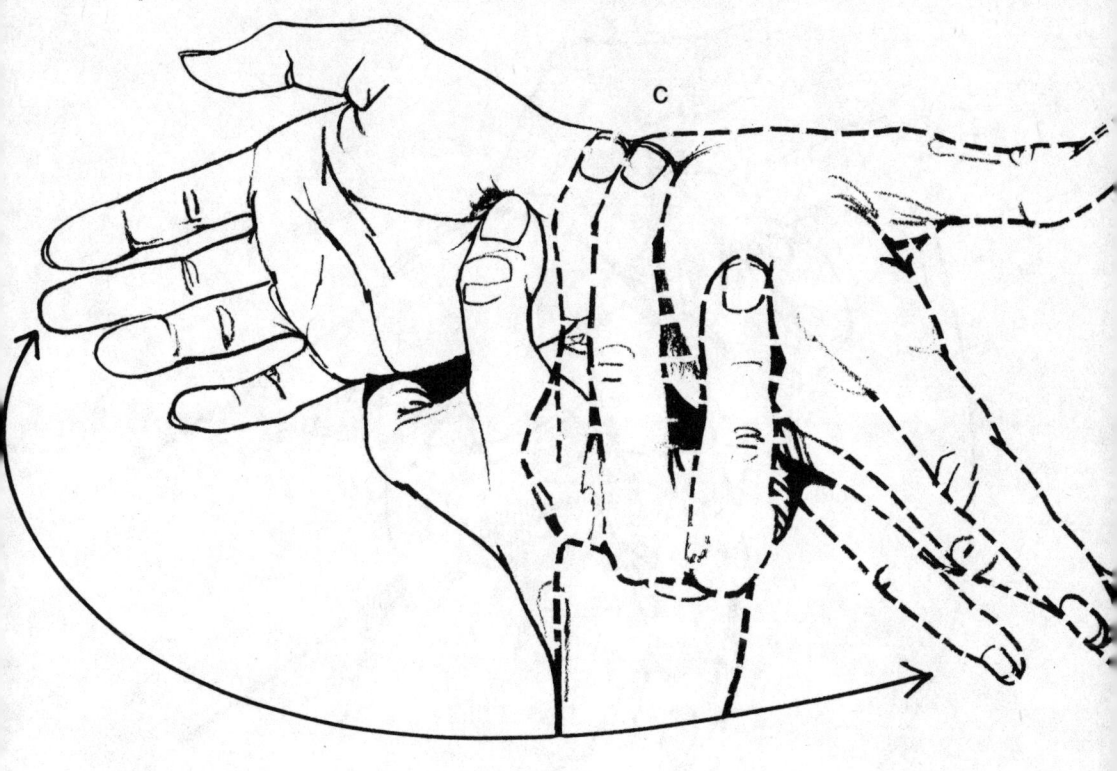

c)   Linken Daumen auf die Druckstelle nahe des Handge-
lenkes der rechten Hand legen ... die rechte Hand mit
der linken Hand hin und her schwenken.

d)   Das gleiche mit der anderen Hand.

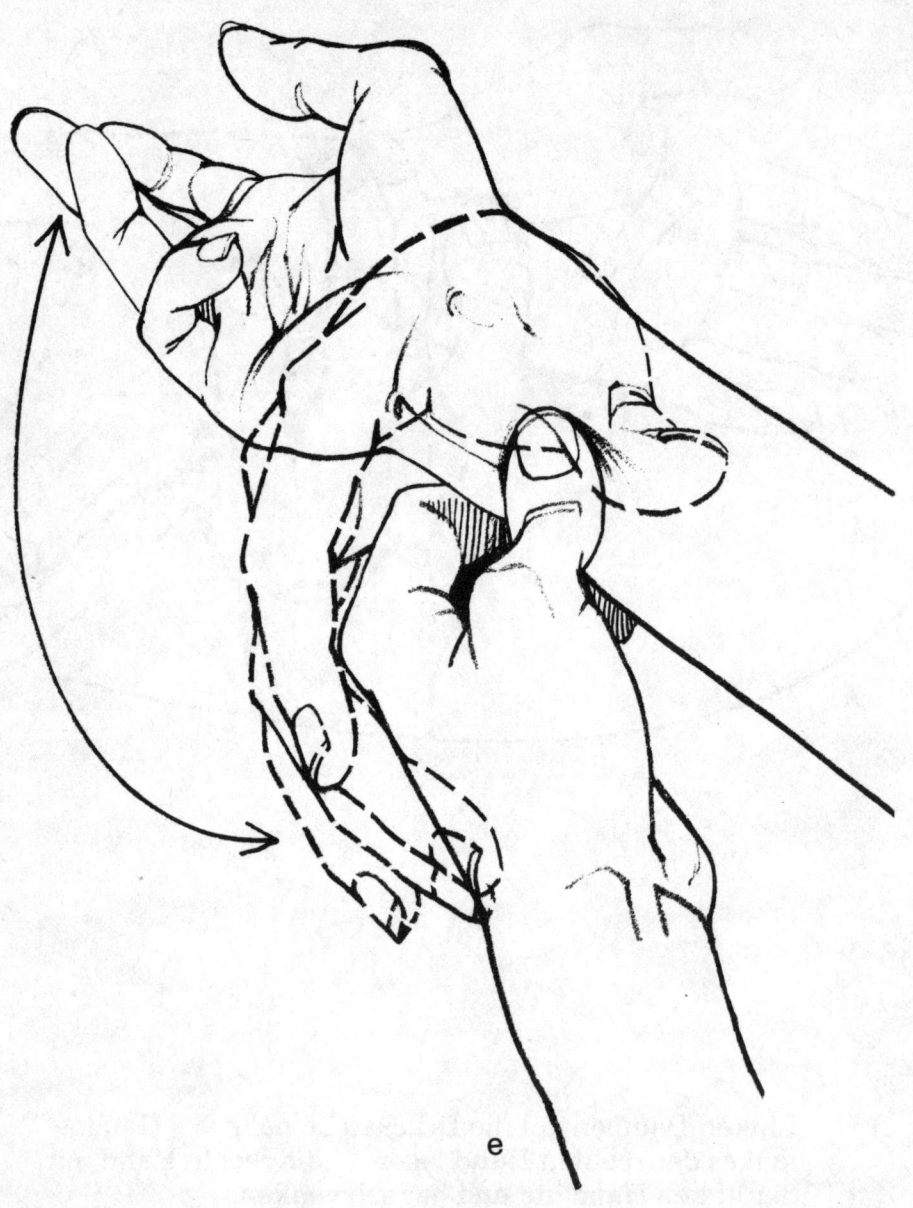

e

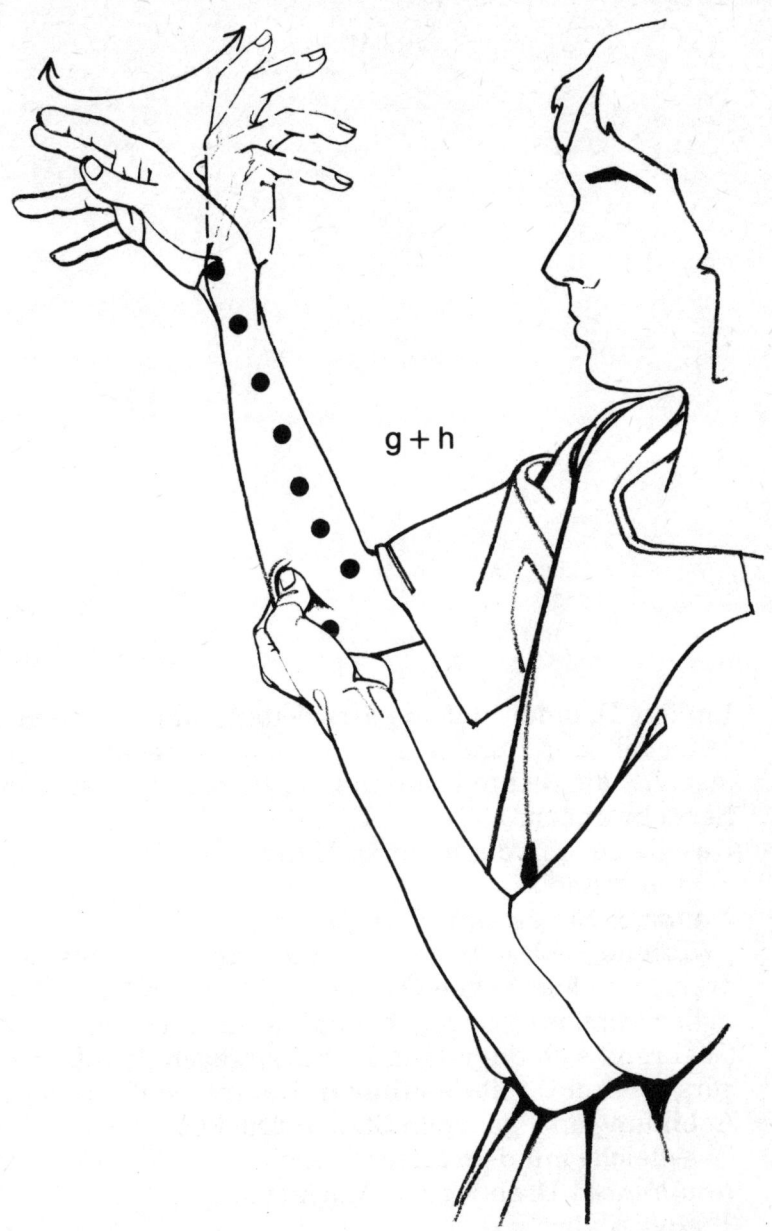

g + h

e)   Linken Daumen auf die Druckstelle am Arm genau unterhalb der Handgelenkknochen der rechten Hand legen ... die rechte Hand mit der linken Hand hin und her schwenken.

f)   Das gleiche mit der anderen Hand.
Tempo: schnell.
Dauer: ± 15 Sek. pro Übungseinheit.

g)   (Während sich die rechte Hand im Uhrzeigersinn dreht) mit dem linken Daumen (nacheinander) auf die in der Abbildung angegebenen Stellen drücken.

h)   (Während sich die rechte Hand entgegen dem Uhrzeigersinn dreht) mit dem linken Daumen auf die in der Abbildung angegebenen Stellen drücken.

i + j)   Das gleiche mit dem anderen Arm.
Rhythmus: 1 Drehung pro Markierungsstelle.
Tempo: zügig.

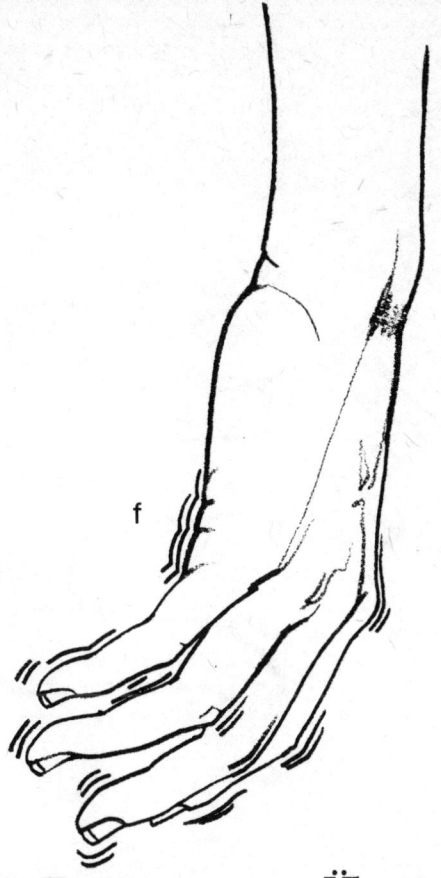

f

Dynamische Entspannung · Übung 4

Ausgangsstellung: die Arme zu beiden Seiten des Körpers herunterhängen lassen. In folgenden Körperteilen eine Muskelvibration hervorrufen:

a)   in den Daumen,
b)   in den Zeigefingern,
c)   in den Mittelfingern,
d)   in den Ringfingern,
e)   in den kleinen Fingern,
f)   in der ganzen Hand.
       Dauer: ± 10 Sek. pro Übungseinheit.

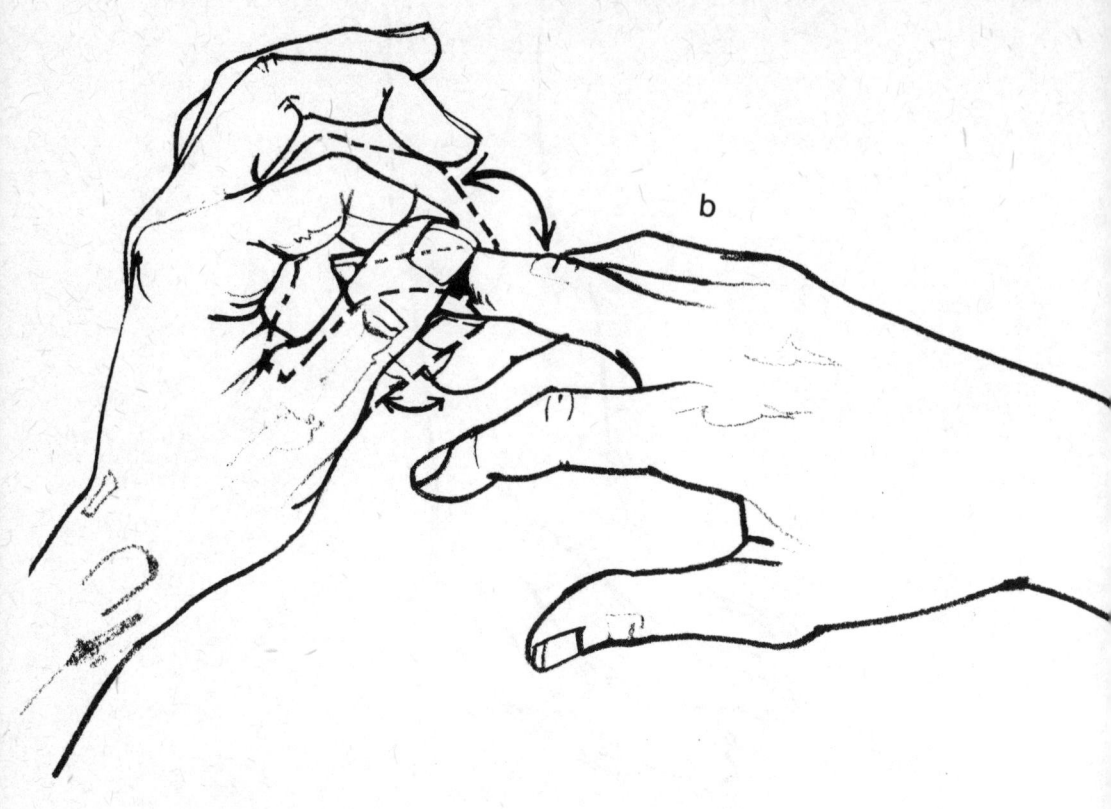

b

Dynamische Entspannung · Übung 5

a) Das Wurzelglied der Finger (sanft) hin und her rollen, um es beweglich zu machen.
b) Das Mittelglied rollen und beweglich machen.
c) Das Nagelglied rollen und beweglich machen.
Tempo: langsam.
Dauer: ± 15 Sek. pro Finger.
Tip: Für diese Übung bietet sich auch eine Fingerstellung an, in der der Daumen unter dem Fingerglied und der Zeige- und Mittelfinger auf dem Fingerglied liegen.

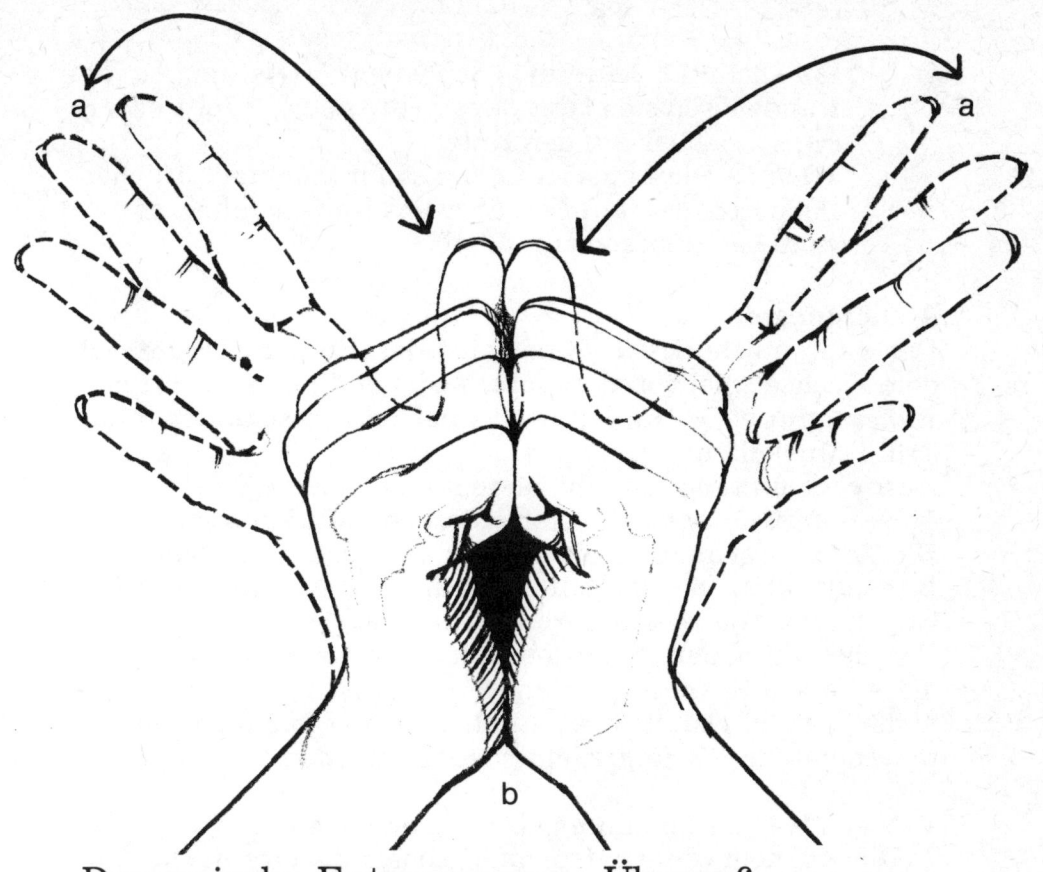

Dynamische Entspannung · Übung 6

Ausgangsstellung: Hände ungefähr 15–20 cm vom Gesicht entfernt halten... den restlichen Körper entspannen und durch die Nase atmen.

a – b) Einatmen (Licht einströmen lassen)... die Hände öffnen sich langsam wie eine Lotosblume.

b – a) Ausatmen (alle Dunkelheit vertreiben)... die Hände schließen sich wieder langsam wie eine Lotosblume.
Tempo: ständig langsamer werdend (ohne jede Anstrengung).
Dauer: rein intuitiv.

c)   Mit dem Öffnen und Schließen fortfahren ... die
      Hände lösen sich langsam voneinander ... und verhar-
      ren schließlich auf den Knien.
      Wichtig: Die Lotosbewegung soll mit dem natürlichen
      Pulsieren der Lungen übereinstimmen (ohne es be-
      wußt beeinflussen zu wollen).

Anmerkungen
Der neuromuskuläre Dynamismus des Körpers beruht auf
dem Wechselspiel von drei verschiedenen Spannungsarten:
Ruhespannung = Aktivitätszustand der entspannten Mus-
keln (»Muskeltonus«),
Antriebsspannung = mobilisierende Muskeltätigkeit.
Versteifungsspannung = stabilisierende Muskeltätigkeit.
Die Antriebsspannung bewirkt Kraft, Geschwindigkeit und
Beweglichkeit. Die Versteifungsspannung verleiht einer Be-
wegung ihr Muster und ihre Genauigkeit.
Für den normalen Funktionsablauf ist es notwendig, daß
diese beiden Spannungsarten im richtigen Verhältnis zuein-
ander stehen. Damit Streßsituationen erst gar nicht eintre-
ten, sollten drei Grundregeln beachtet werden:

1. Niemals mehr Spannung als nötig erzeugen.
2. Die Muskeln völlig entspannen, sobald die eigentliche Auf-
   gabe erfüllt ist (nutzlose Aktivität vermeiden ... die Kör-
   perenergie in einem Ruhezustand belassen, so daß sie,
   wenn eine Handlung erforderlich wird, am bequemsten
   und wirkungsvollsten aufgeboten und eingesetzt werden
   kann).
3. Das *natürliche Fließen* sollte der Grundton sein, auf den
   alle Bewegungen des Körpers sich einstimmen.

Dazu *Beweglichkeit / Übung 1* mit herunterhängenden Armen ausprobieren. Selbst wenn die Übung in dieser Stellung eine schwächere muskelstärkende Wirkung besitzt,
so ist sie doch gerade deshalb hervorragend dazu geeignet,

das gesamte Hand-Arm-System binnen kurzer Zeit geschmeidig zu machen.

Um Verspannungen im Nacken und/oder in den Schultern zu lösen, bietet sich besonders Übung 6 des Konditionstrainings für die Arme an.

Verwandte Übungen:
Konditionstraining der Hände / Übungen 1 und 7,
Konditionstraining der Arme / Übungen 5 und 6,
Passive Entspannung / Übungen 1, 2 und 3,
Psychophysisches Gleichgewicht / Übungen 2 und 3,
Hand-Hirn-Rückkopplung / Übung 3,
Bioenergie / Übungen 1, 2 und 3e.

Passive Entspannung

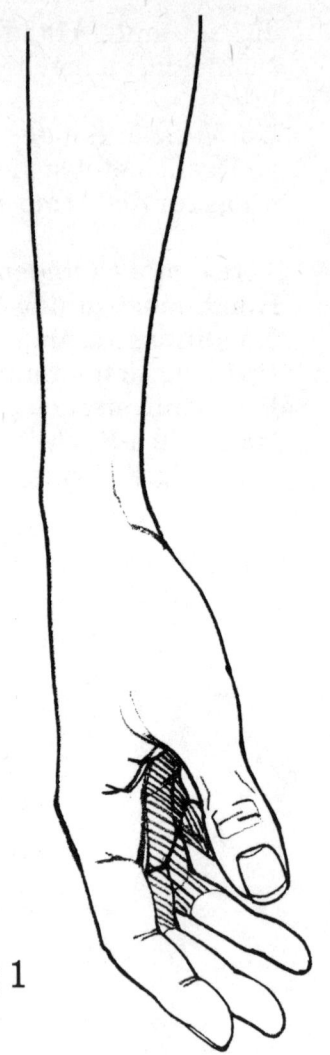

Passive Entspannung · Übung 1

Hände in Ruhestellung:
Arme hängen am Körper herunter ... Hand- und Armmuskeln sind völlig entspannt.
Wichtig: Fühlen Sie das Freiwerden angestauter Energie.
Tip: Unternehmen Sie mit beiden Händen in Ruhestellung einen meditativen Spaziergang.

152

Passive Entspannung · Übung 2

a)   Einen Arm schwer werden lassen.
b)   Das gleiche mit dem anderen Arm.
c)   Körper nach vorn lehnen (ohne sich abzustützen)...
         beide Arme schwer werden lassen.
         Dauer: ± 45 Sek. pro Übungseinheit.

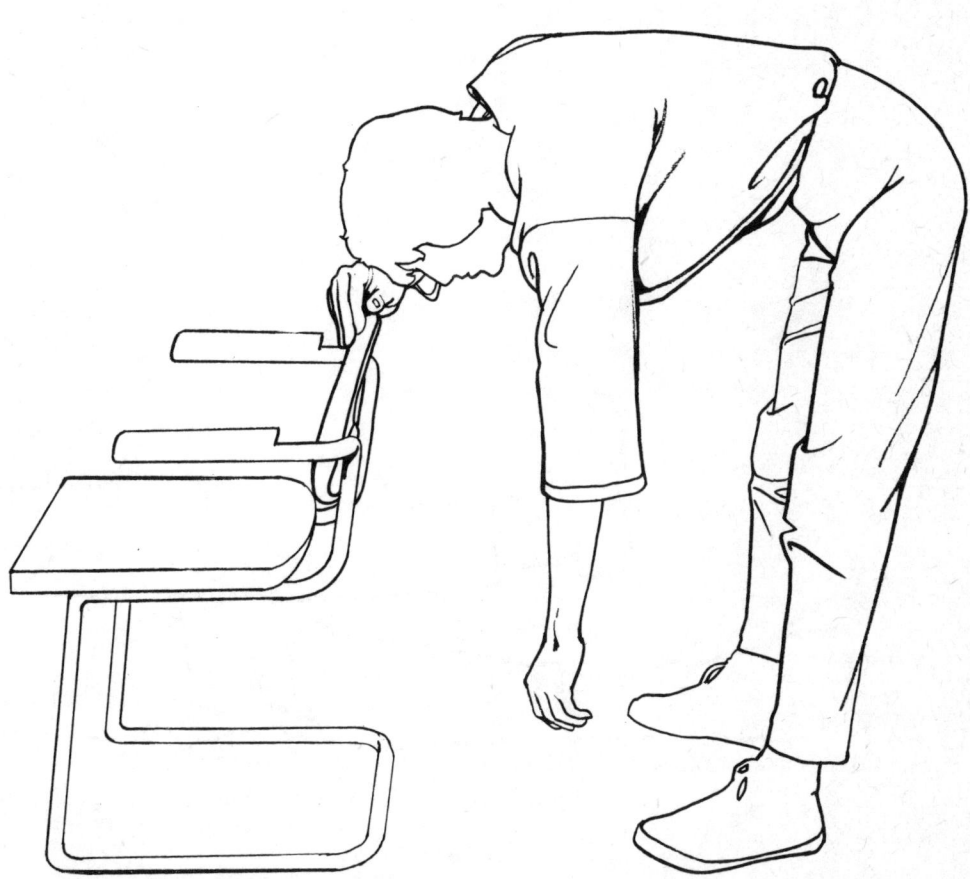

Passive Entspannung · Übung 3

Völlig entspannen.

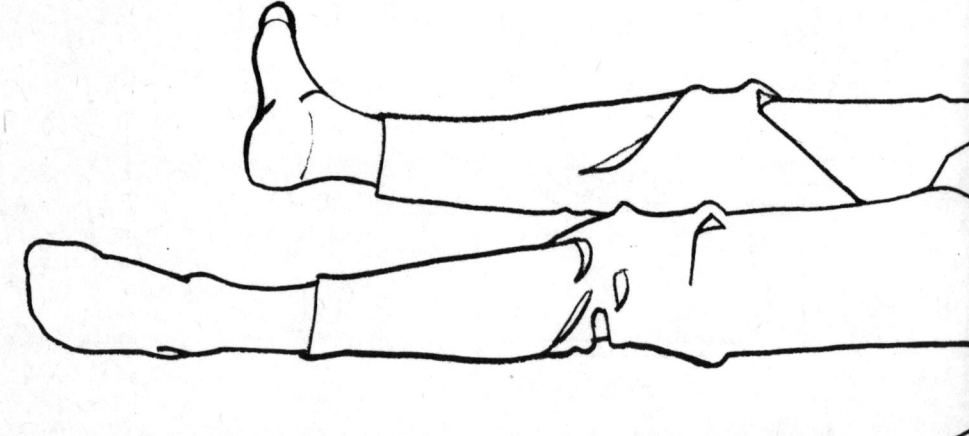

Anmerkungen
Versuchen Sie, den Herzschlag im gesamten Körper zu spüren (besonders in den Händen).

Verwandte Übungen:
Hand-Hirn-Rückkopplung / Übung 1.

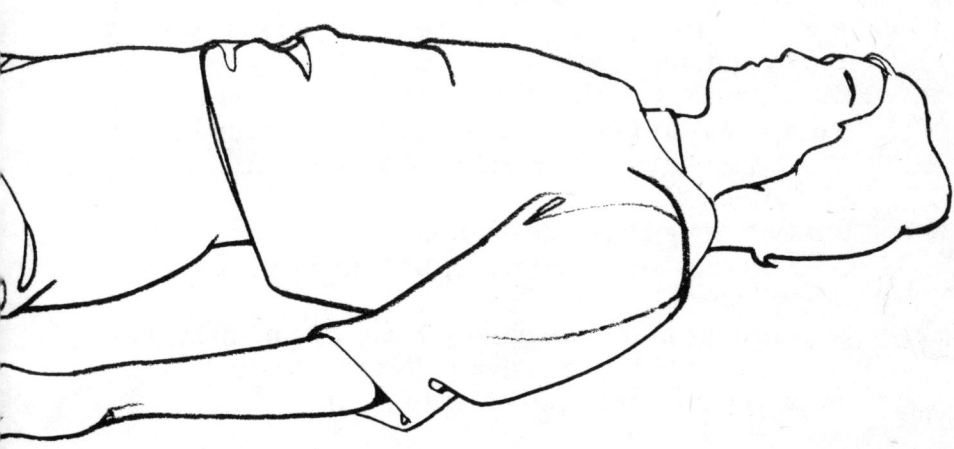

Expressivität

Expressivität · Übung 1

NONVERBALE KOMMUNIKATION:

a)   Ausdruck von Gefühlen.

a.a)   Zeichen der Freundschaft (nonverbal) austauschen.

a.b)   Zeichen der Bestätigung und der Solidarität austauschen.

a.c)   Zeichen der Liebe und der Zuneigung austauschen.

b)   Pantomime.

b.a)   Einen vorhandenen Gegenstand darstellen (nur mit nonverbalen Mitteln) ... und den Partner erraten lassen, um was es sich handelt (Rollentausch; ± fünfmal).

b.b)   Anschließend einen Gedanken und/oder ein Gefühl darstellen (± fünfmal).

b.c)   Dann eine kurze Geschichte darstellen (± dreimal).
        Tip: Anstatt gegenseitig des anderen Gedanken, Gefühle und/oder Geschichten zu erraten, ist es vielleicht einfacher, wenn ein Partner vorschlägt, was der andere darstellen soll.

b.d)   Die eindrucksvollsten Ereignisse des Lebens nonverbal vermitteln (von der Zeit der Empfängnis bis hin zur Gegenwart ... mit geschlossenen Augen).

c)   Verhaltensecho.

c.a)   Ein Partner gibt ein Bewegungsmuster vor ... der andere versucht, es gleichzeitig nachzuvollziehen (dann Rollen tauschen).

c.b)   Gegenseitig aufeinander eingehen ... auf allen Ebenen miteinander in Einklang bleiben (das heißt, einen intuitiven nonverbalen Dialog führen).

a

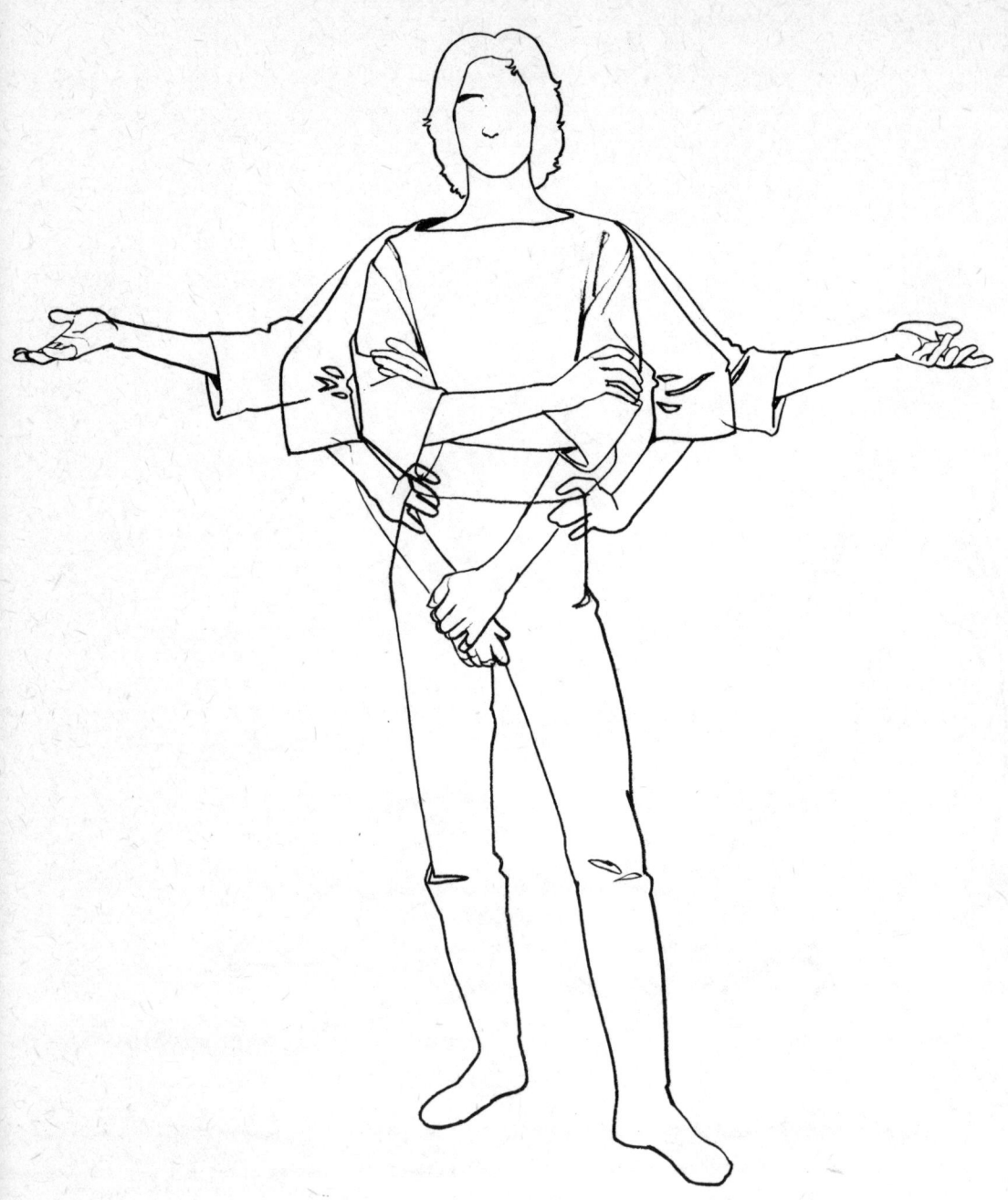

Expressivität · Übung 2

a)   Bestandsaufnahme der eigenen nonverbalen Aus-
       drucksmöglichkeiten:

a.a)   Allen Gesten, Gebärden und/oder Manieriertheiten
       nachgehen, die zum täglichen Leben gehören.

a.b)   Sich die verschiedenen »Körperdialekte« bewußtma-
       chen, die in der Gesellschaft existieren.

a.c)   Welcher Kommunikationsstil wird mit wem gepflegt?

b)   Alternative Ausdrucksmöglichkeiten erforschen:

b.a)   Fotos und Bilder von verschiedenen Personen studie-
       ren ... ihre Pose nachahmen (durch diese Übung kön-
       nen Sie die Ausdrucksabsichten einer anderen Person
       nachvollziehen).

b.b)   Angleichung von Verhaltensmustern: Die Verhaltens-
       muster von Personen studieren, die auf uns einen au-
       ßergewöhnlich positiven Eindruck machen ... jenen
       Teil ihrer Ausdruckskraft nachahmen, der in unserem
       inneren Wesen Anklang findet (hierdurch können Sie
       die Möglichkeiten Ihres inneren Wachstums entfalten,
       die bis dahin im Verborgenen lagen).

Expressivität · Übung 3

a)   Ein bestimmtes Gefühl auswählen, das man untersu-
       chen und/oder intensivieren möchte.

b)   Dieses bestimmte Gefühl mit kurzen Worten bekräfti-
       gen; zum Beispiel *(Verwunderung):* »Oh ... erstaun-
       lich ... wirklich phantastisch ...« Oder *(Freude):* »Wun-
       derbar ... welch eine Freude ... herrlich ... absolute
       Spitze!«

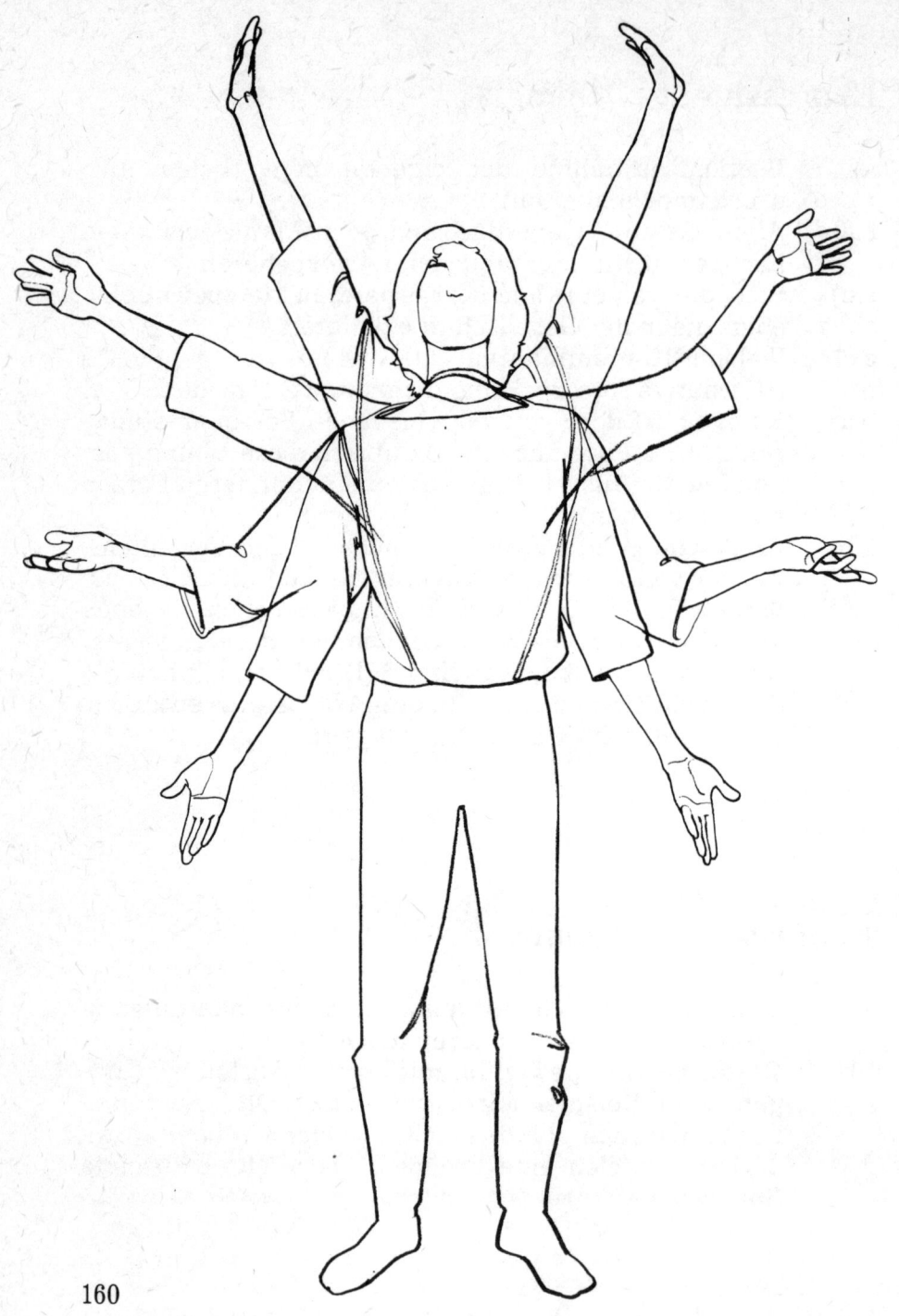

c)   Diese (oder ähnliche) Gefühlsbekräftigungen ± zehn-
        mal wiederholen. Zuerst in einem schwachen, dann in
        einem immer stärker werdenden Tonfall... zuerst
        fast ohne Gestik, dann mit einem Crescendo an Kör-
        persprache (also eine Ausdrucksmöglichkeit nach der
        anderen durchgehen, von äußerst passiv bis hin zu äu-
        ßerst aktiv; Punkt c einmal ganz wiederholen).

d)   Die Intonations- und Gestikulationsebene entdecken,
        die einem Gefühl, das man hervorzubringen versucht,
        genau entspricht... die Bekräftigung auf dieser psy-
        chophysischen »Frequenz« so lange wiederholen, bis
        Sie vollkommen vertraut damit sind.
        Wichtig: Im Zusammenhang mit dieser Übung ist eine
        Übertreibung von sowohl verbalen als auch nonverba-
        len Ausdrucksformen nicht nur erlaubt, sondern gera-
        dezu erwünscht... mit dieser Methode können
        Hemmschwellen abgebaut werden.

Anmerkungen

Wir sollten nicht ständig versuchen, dem Körper zu sagen,
was er tun muß... sondern dem Körper die Chance geben,
uns seine natürliche Absicht kundzutun:

a)   Durch Zeichensprache mit sich selbst kommunizieren
        (einmal mit, einmal ohne Spiegel).

b)   Ein Fingerspiel aufführen (die rechte Hand und die
        linke Hand miteinander sprechen lassen).

c)   Die Augen schließen. Die rechte Hand als einen Expo-
        nenten des »kosmischen Männlichkeitsprinzips« vor-
        stellen (visualisieren) und die linke Hand als einen
        Exponenten des »kosmischen Weiblichkeitsprinzips«
        ... sie die »heilige Ehe« vollziehen lassen, wodurch sie
        gemeinsam die »Welt der Aktivität« erschaffen.

Verwandte Übungen:
Psychophysisches Gleichgewicht / Übung 3.

Ästhetik

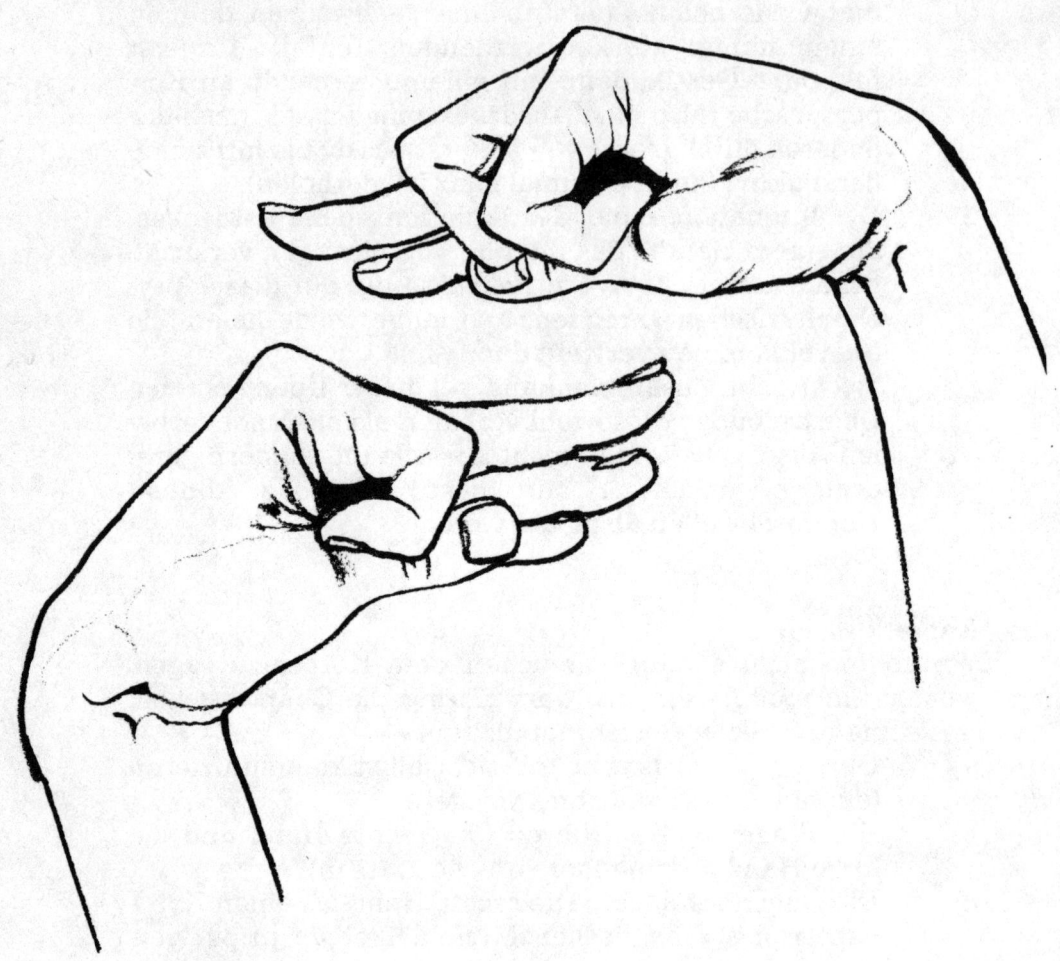

Ästhetik · Übung 1

»HAND-ART«

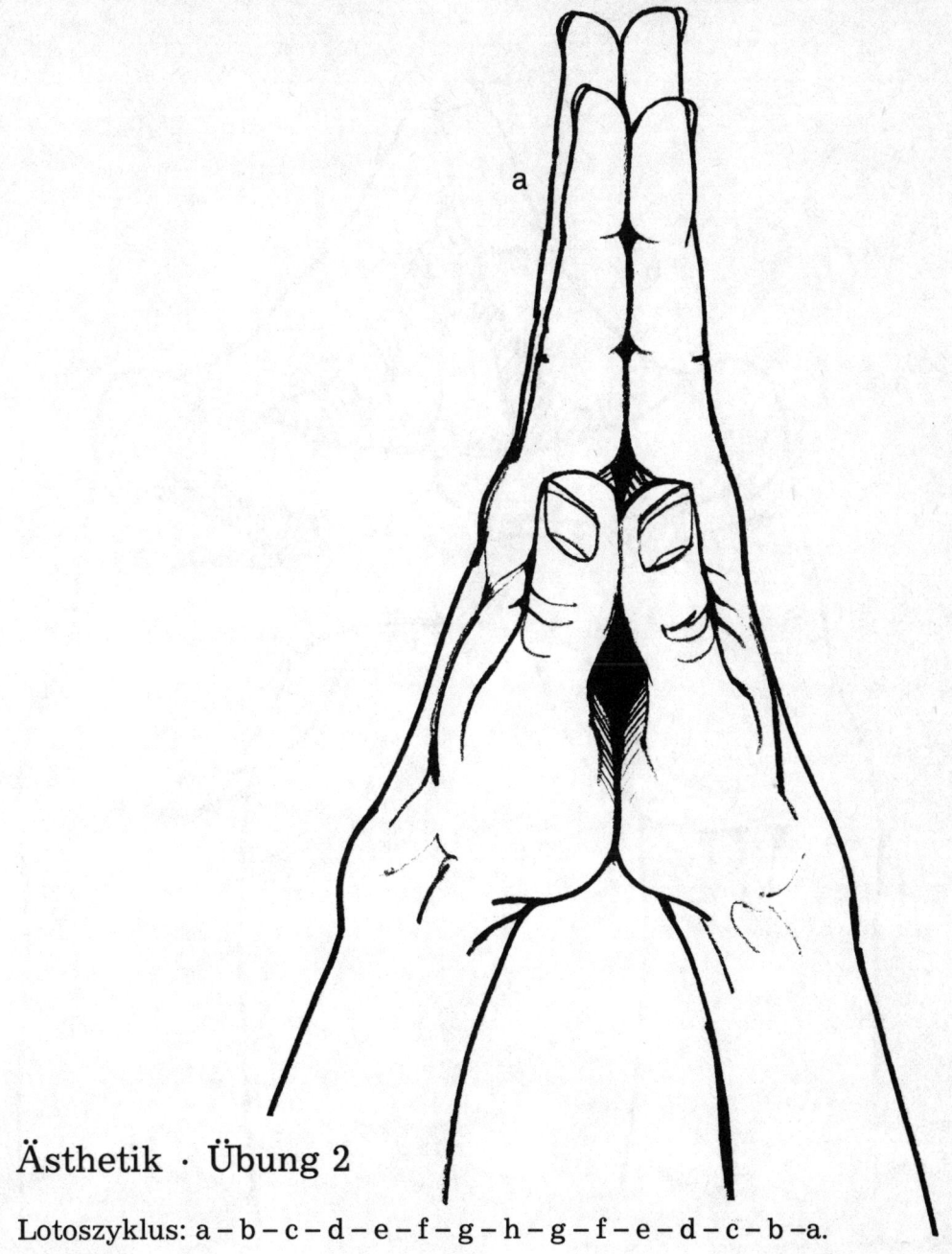

a

Ästhetik · Übung 2

Lotoszyklus: a – b – c – d – e – f – g – h – g – f – e – d – c – b –a.

b

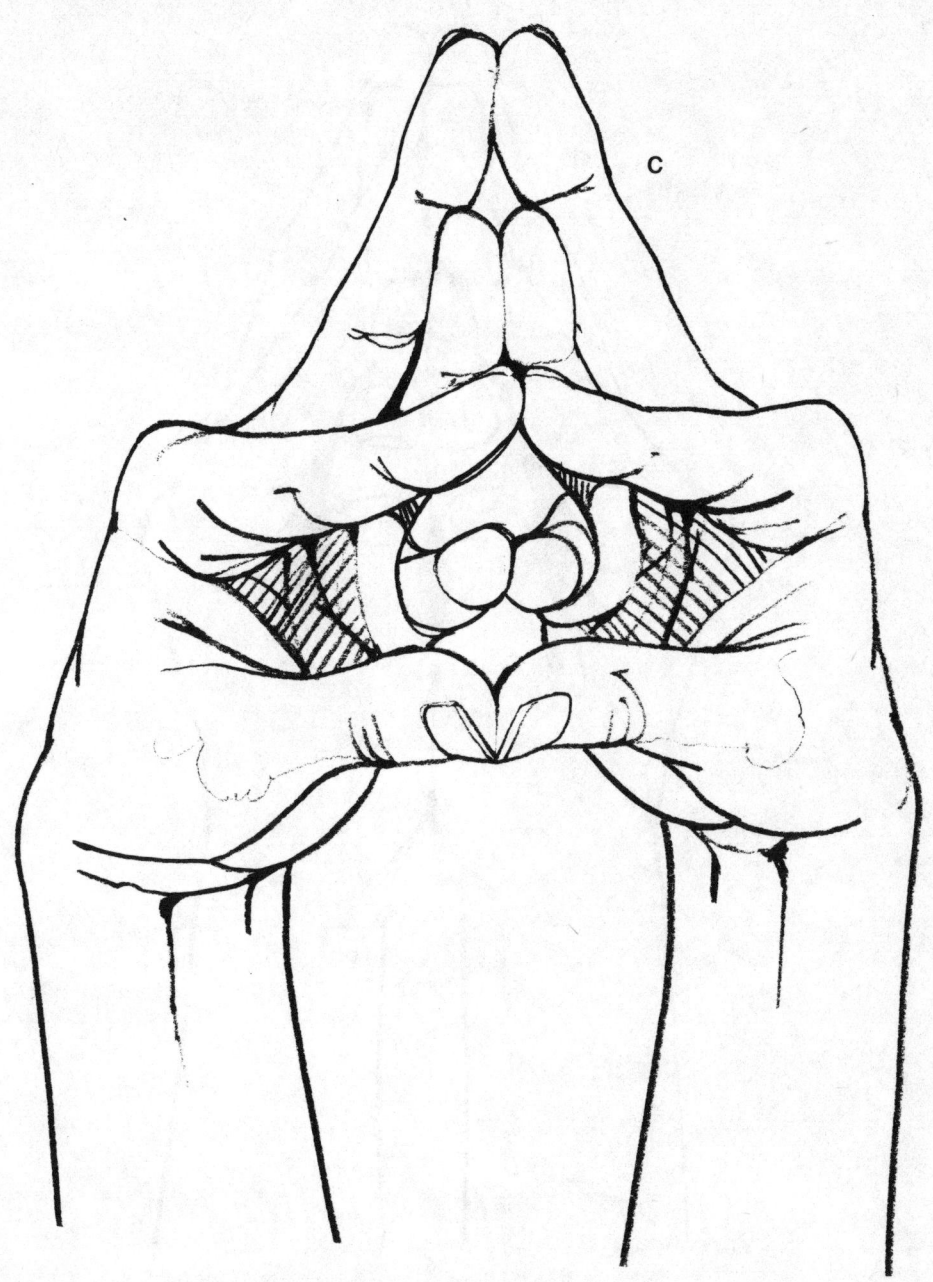

c

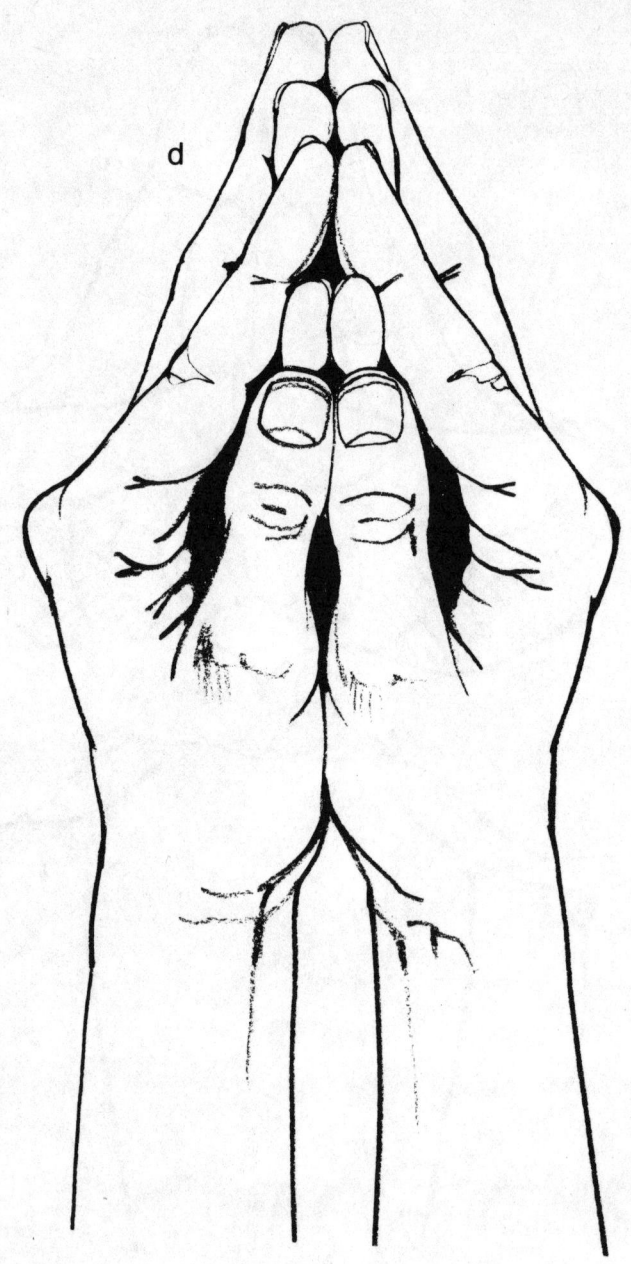

d

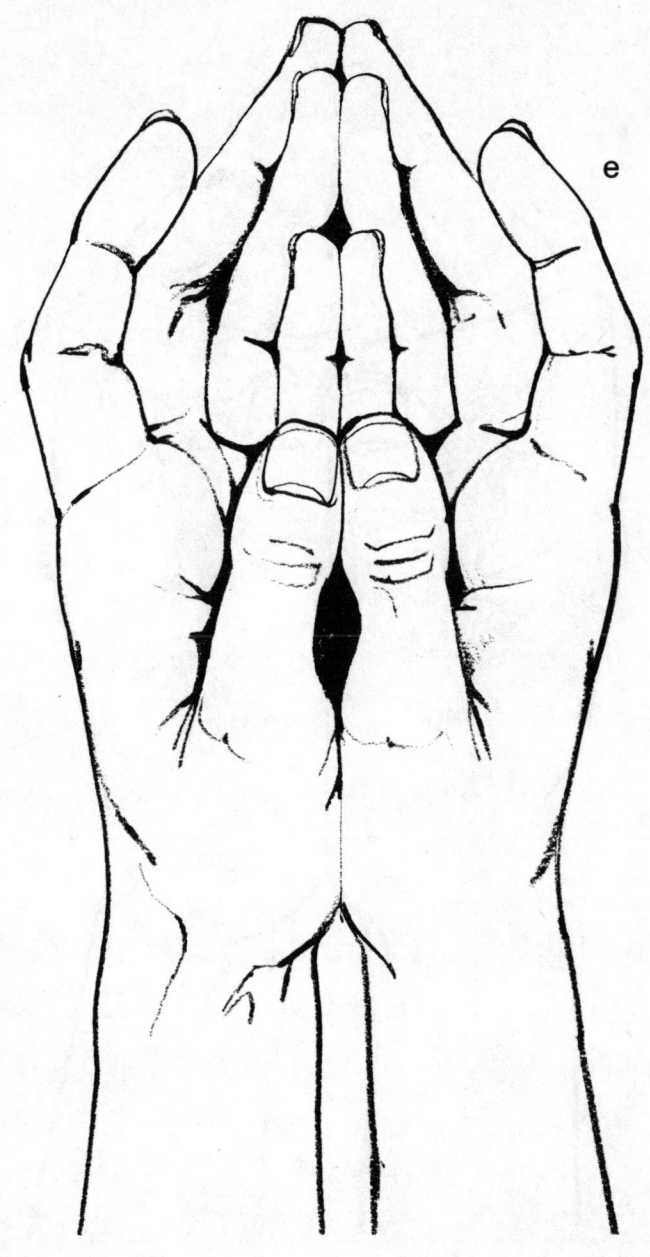

e

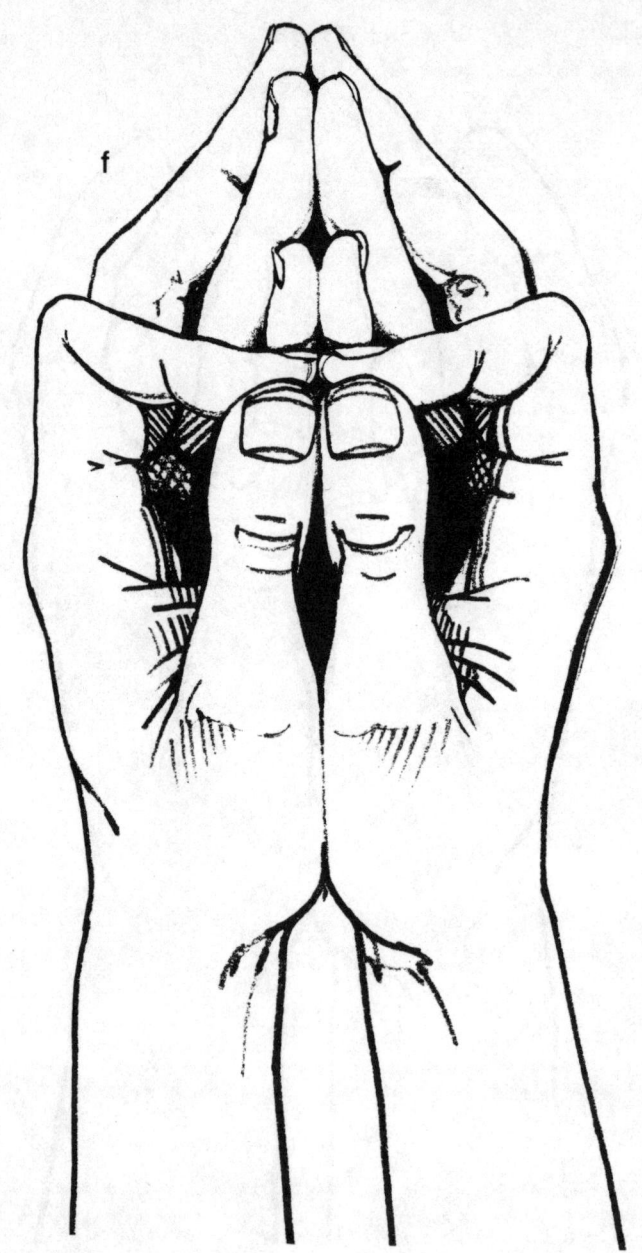

f

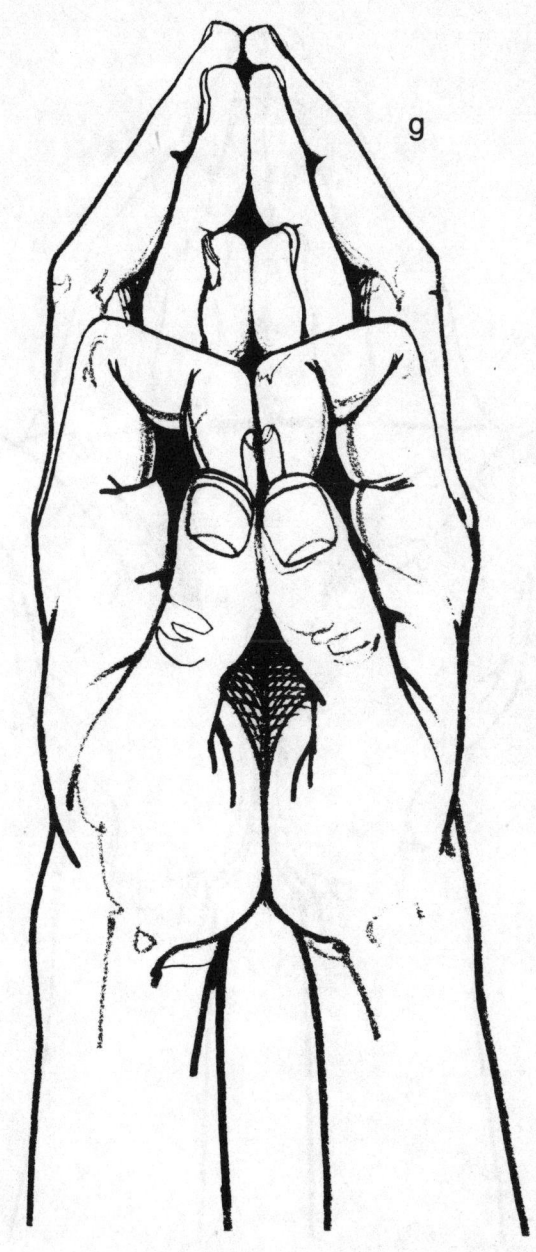

g

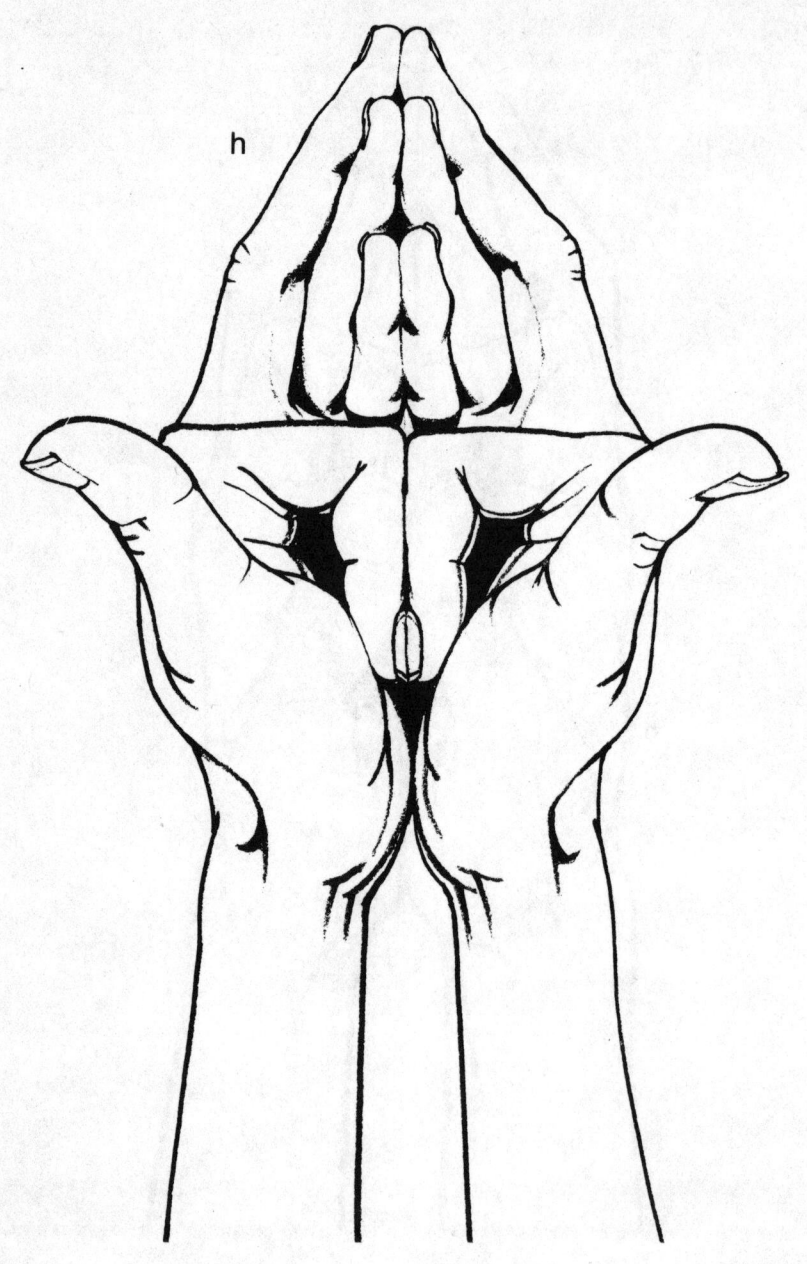

h

170

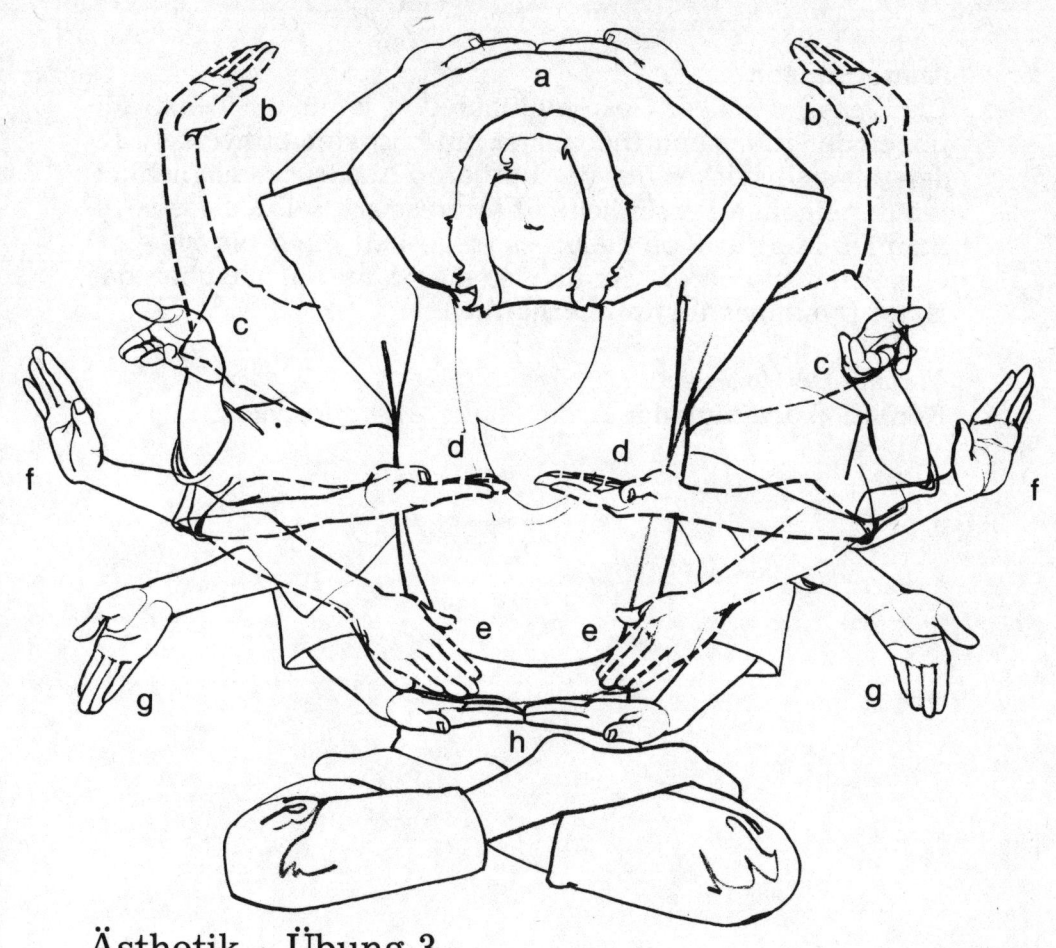

Ästhetik · Übung 3

»HAND-DANCING«

Rhythmus: (Bewegung folgt kleinem Finger) 1 (a – c), 2 (d – f), 3 (g), 4 (h), stopp . . .
(Bewegung folgt Daumen) 1 (h – g), 2 (f – e), 3 (d – b), 4 (a), stopp . . . ständig wiederholen
Tempo: angenehm (vor allem regelmäßig).
Dauer: unbegrenzt.

Anmerkungen

Die Kunst, sich über Gesten mitzuteilen, ist in den Tanztraditionen der Inder und Indonesier am höchsten entwickelt. Jeder, der sich stärker für die subtileren Ausdrucksmöglichkeiten der eigenen Persönlichkeit interessiert, sollte diese sogenannten Mudras (von denen es insgesamt mehr als 500 gibt) eingehend studieren. Audio-visuelles Material ist über das Hand Dynamics Institute erhältlich.

Verwandte Übungen:
Konditionstraining der Arme (siehe *Anmerkungen*).

Psychophysisches Gleichgewicht

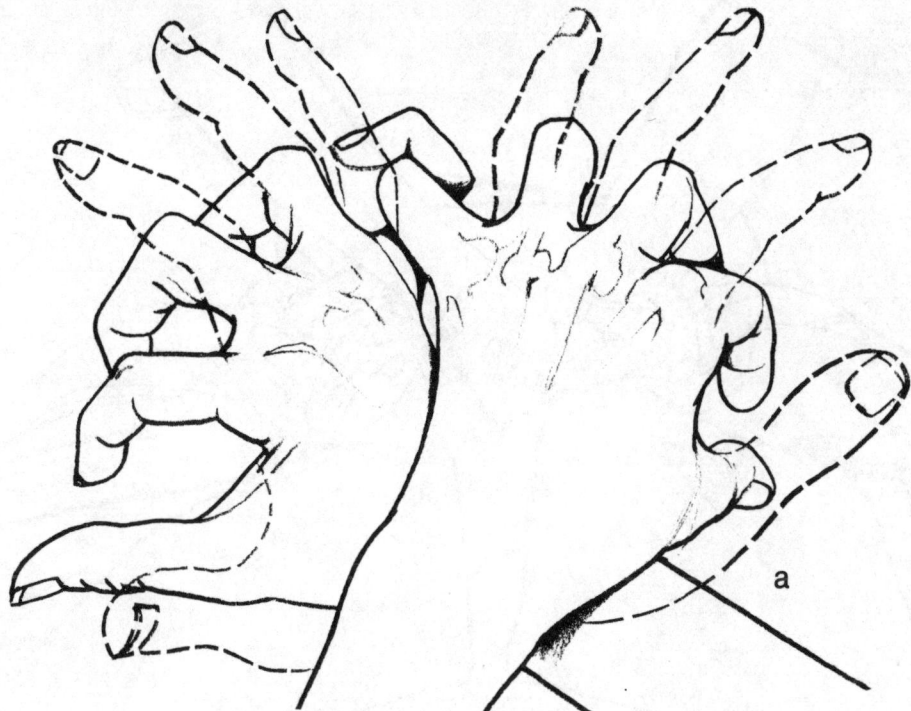

Psychophysisches Gleichgewicht · Übung 1

Bei dieser Übung soll der Brennpunkt der Energie vom gröberen Daumen auf den subtileren kleinen Finger verlagert werden.

a) *Ausgangsstellung:* Die kleinen Finger sind ineinander verschlungen (linke Hand über der rechten).
Zuerst ± dreißigmal wellenförmige Bewegungen in Richtung Daumen ausführen, dann ± dreißigmal die gleiche Bewegung in Richtung kleiner Finger.

b) Rechte Hand über der linken (und das gleiche wie in Punkt a wiederholen).
Tempo: zwei wellenförmige Bewegungen pro Sek.

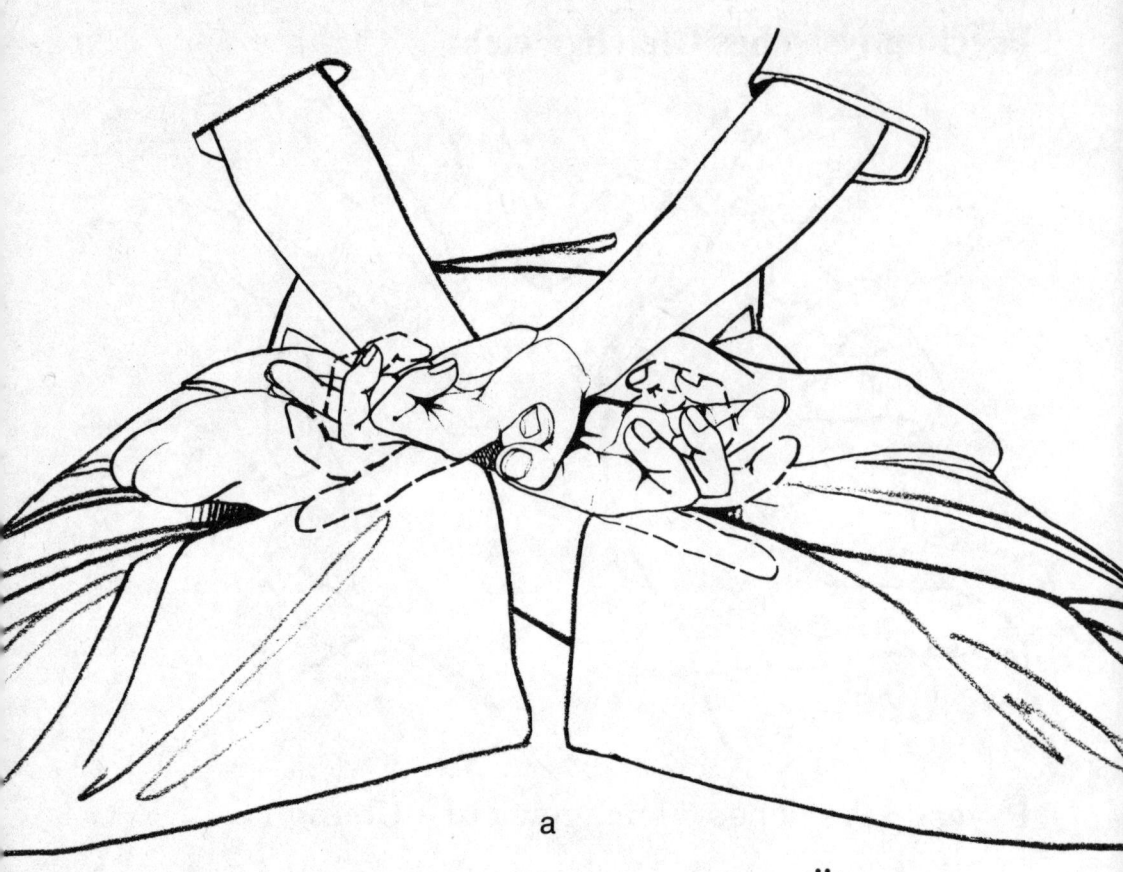

a

Psychophysisches Gleichgewicht · Übung 2

→→→→→→→→→→→

a) *Ausgangsstellung:* Hände liegen im Schoß ... die Daumen sind ineinandergehakt.
Die Fingerbewegungen gehen in eine Art Schwingen über (an dieser Bewegung sind die Mittel- und Nagelgelenke beteiligt).

b) Schwingbewegung erstreckt sich auf den ganzen Finger (Wurzel-, Mittel- und Nagelgelenke) ... Hände heben sich langsam bis auf Brusthöhe.

174

c)   Daumen lösen sich voneinander (die linke Hand be-
     wegt sich langsam nach rechts, die rechte Hand nach
     links ... beide Hände schwingen weiter).

d – h) Schwingbewegung erstreckt sich auch auf die Hand-
       gelenke (wie in Punkt d–h beim Konditionstraining
       der Hände / Übung 10, nur daß sie jetzt schwingen).

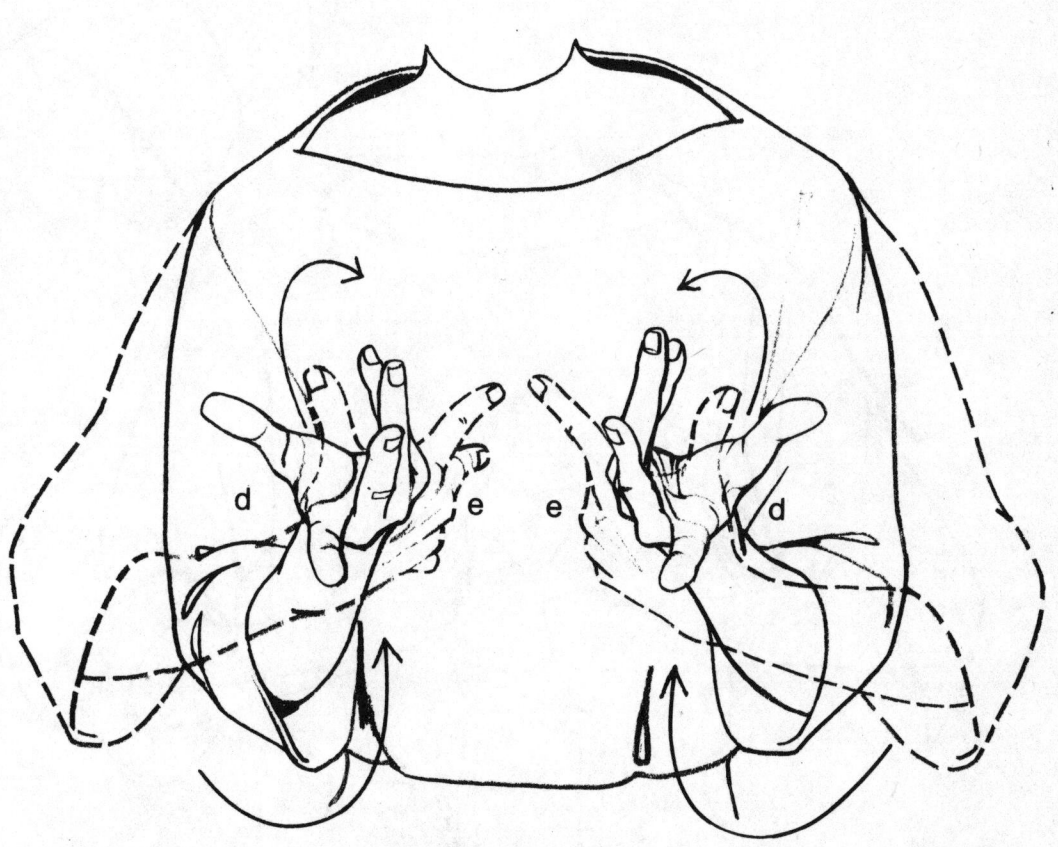

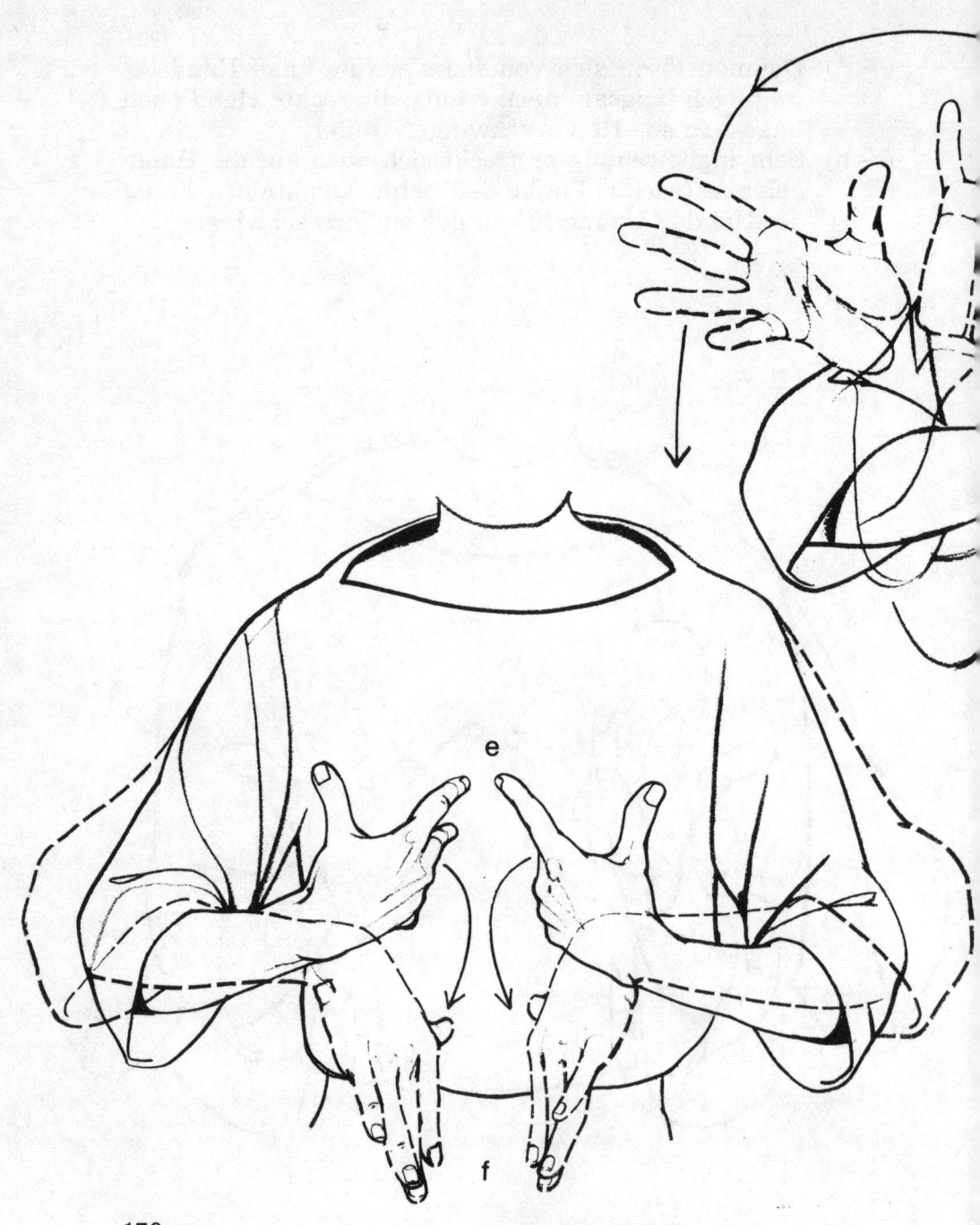

e

f

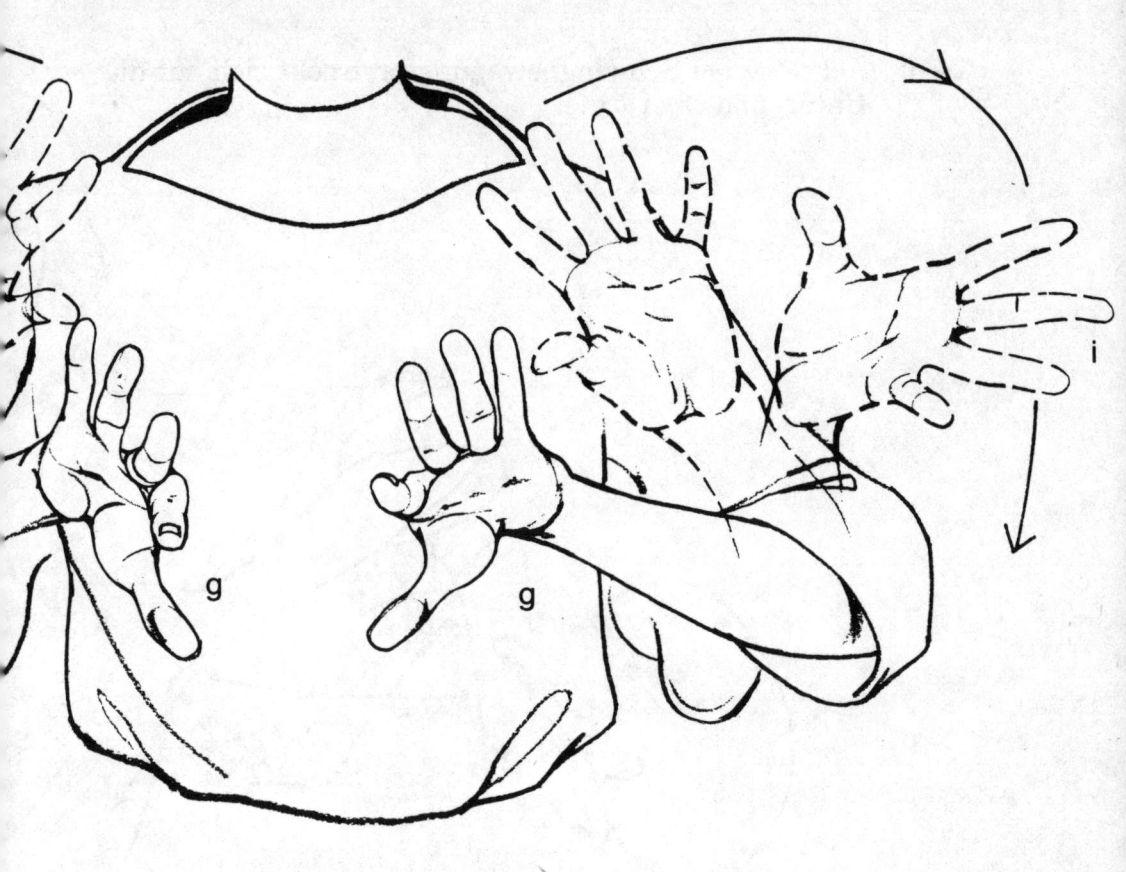

g

g

i

i – p) Achtförmige Schwingbewegung erstreckt sich auf die Unter- und Oberarme.

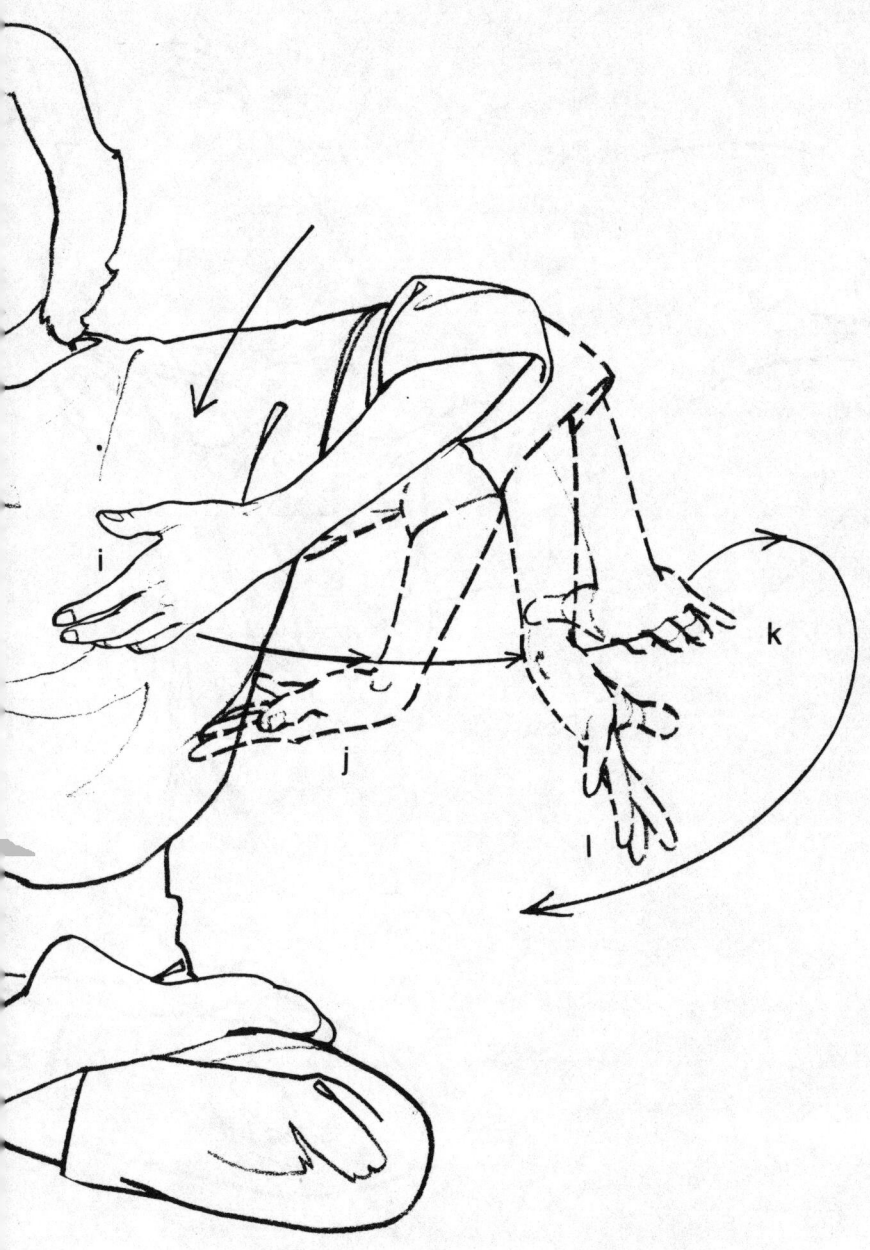

i

j

k

l

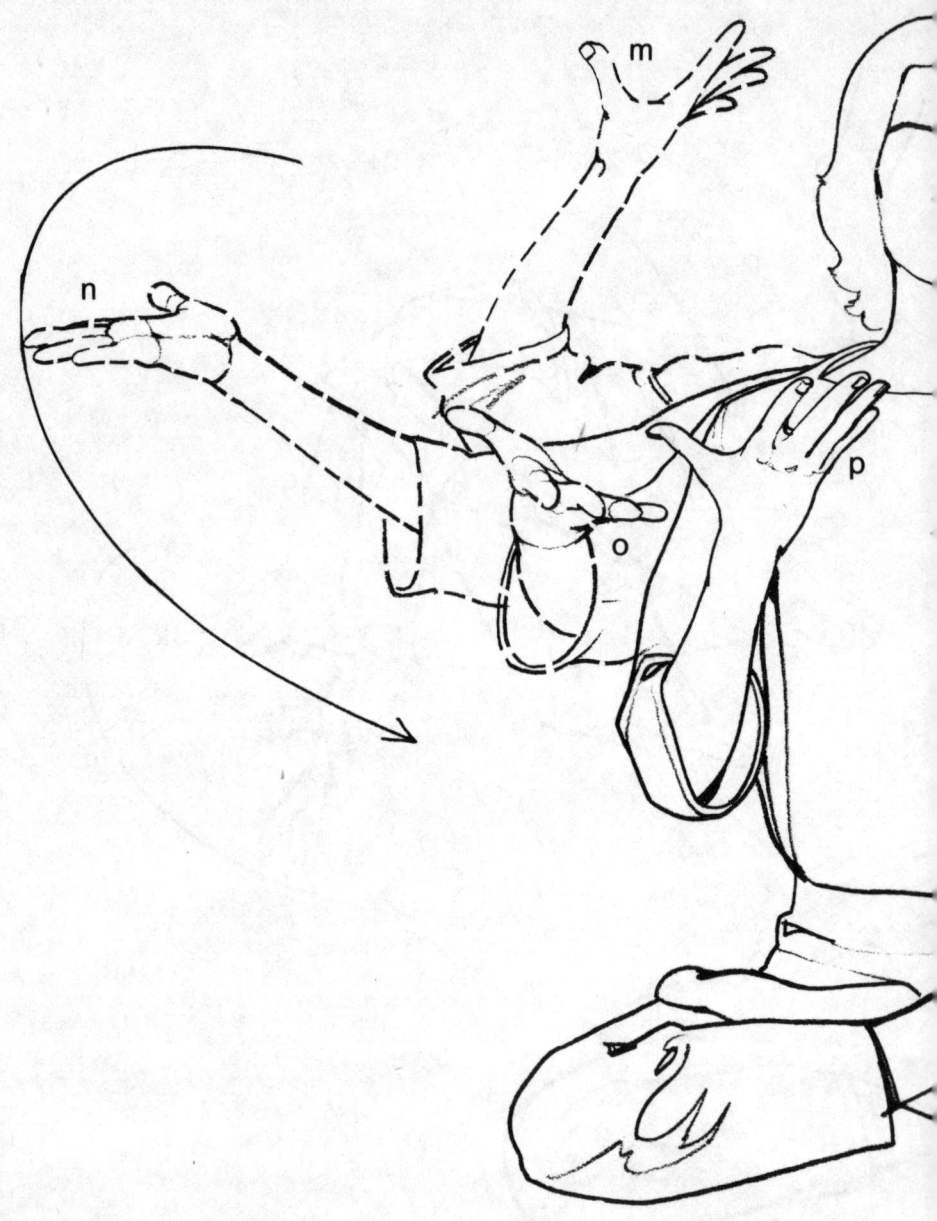

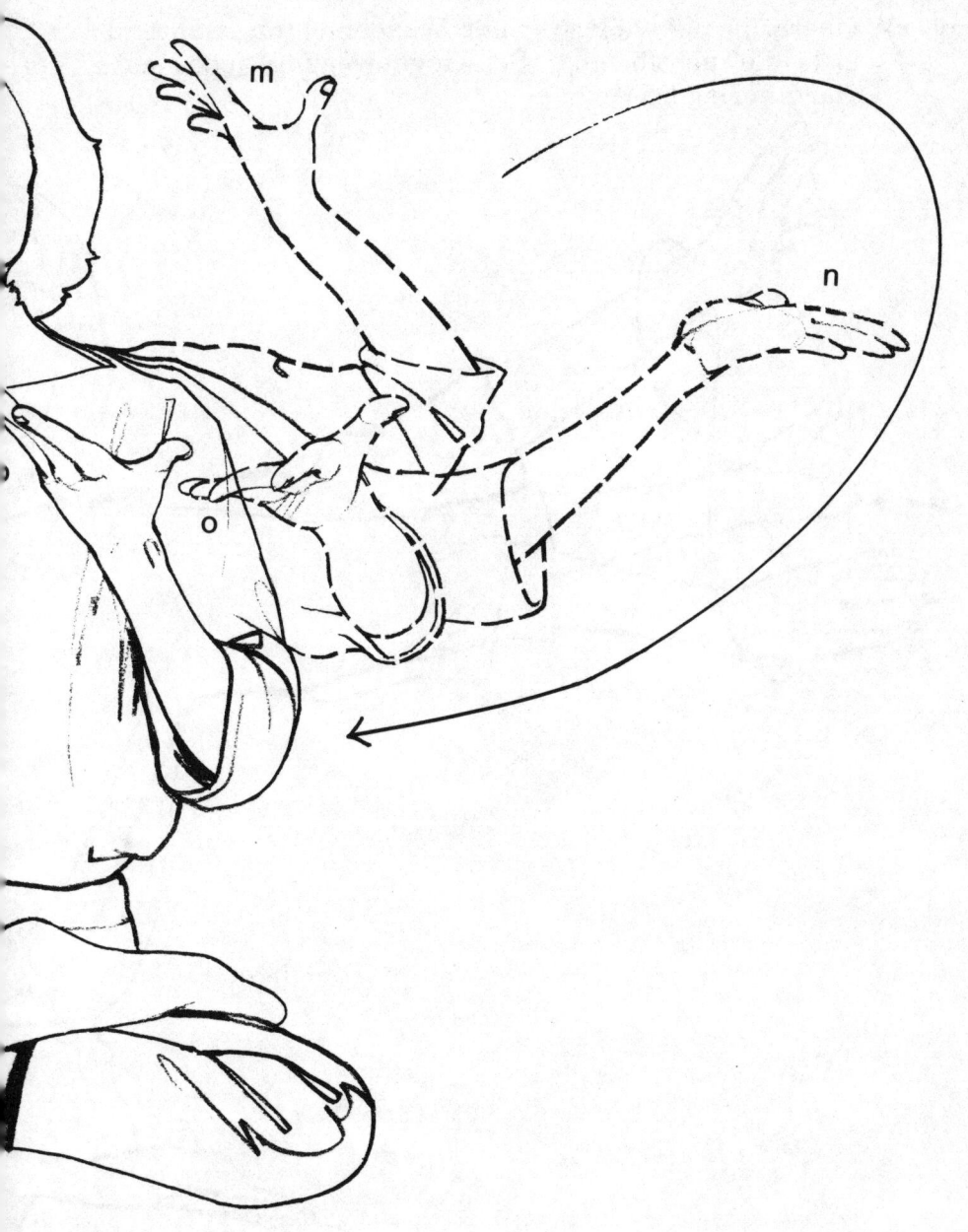

m

n

o

q – s) Oberarme verweilen in der Waagerechten, während
sich die achtförmige Schwingbewegung jetzt seitwärts verlagert.

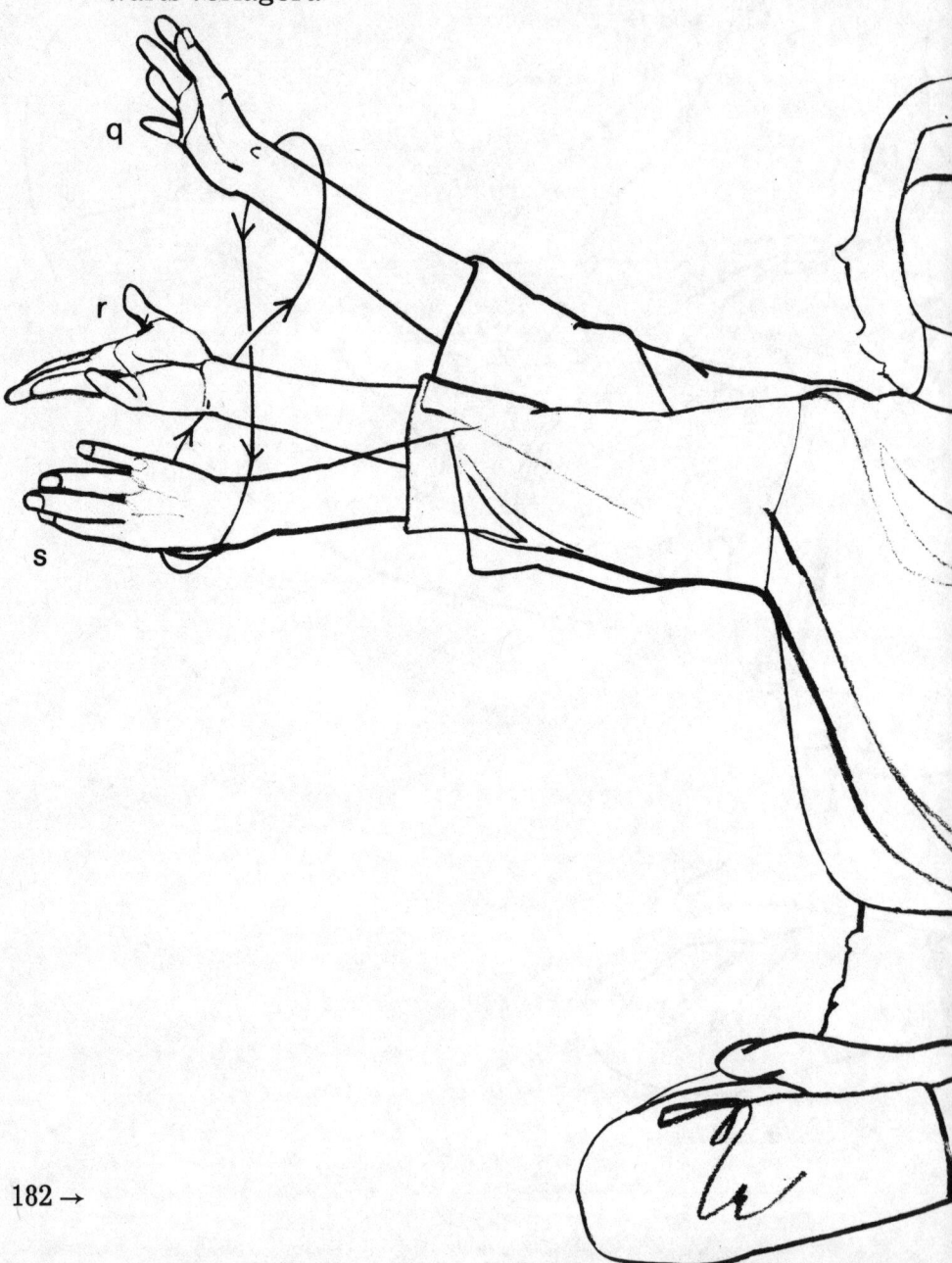

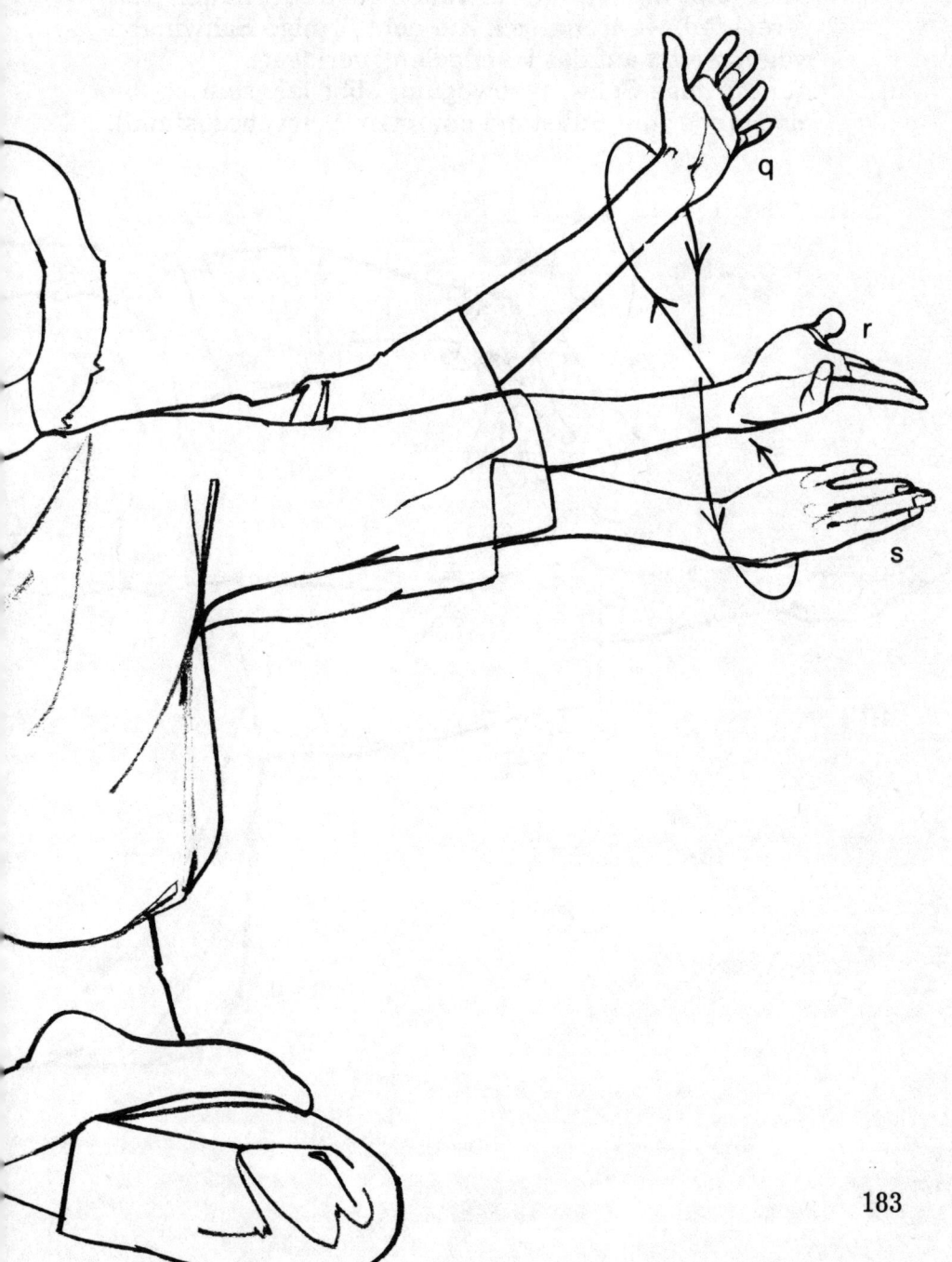

q

r

s

183

t)   Ober- und Unterarme verweilen gestreckt in der Waa-
     gerechten, während sich die achtförmige Schwingbe-
     wegung jetzt auf das Handgelenk verlagert.
u)   Achtförmige Schwingbewegung ebbt langsam ab, bis
     die Hände zum Stillstand kommen (Schwebezustand).

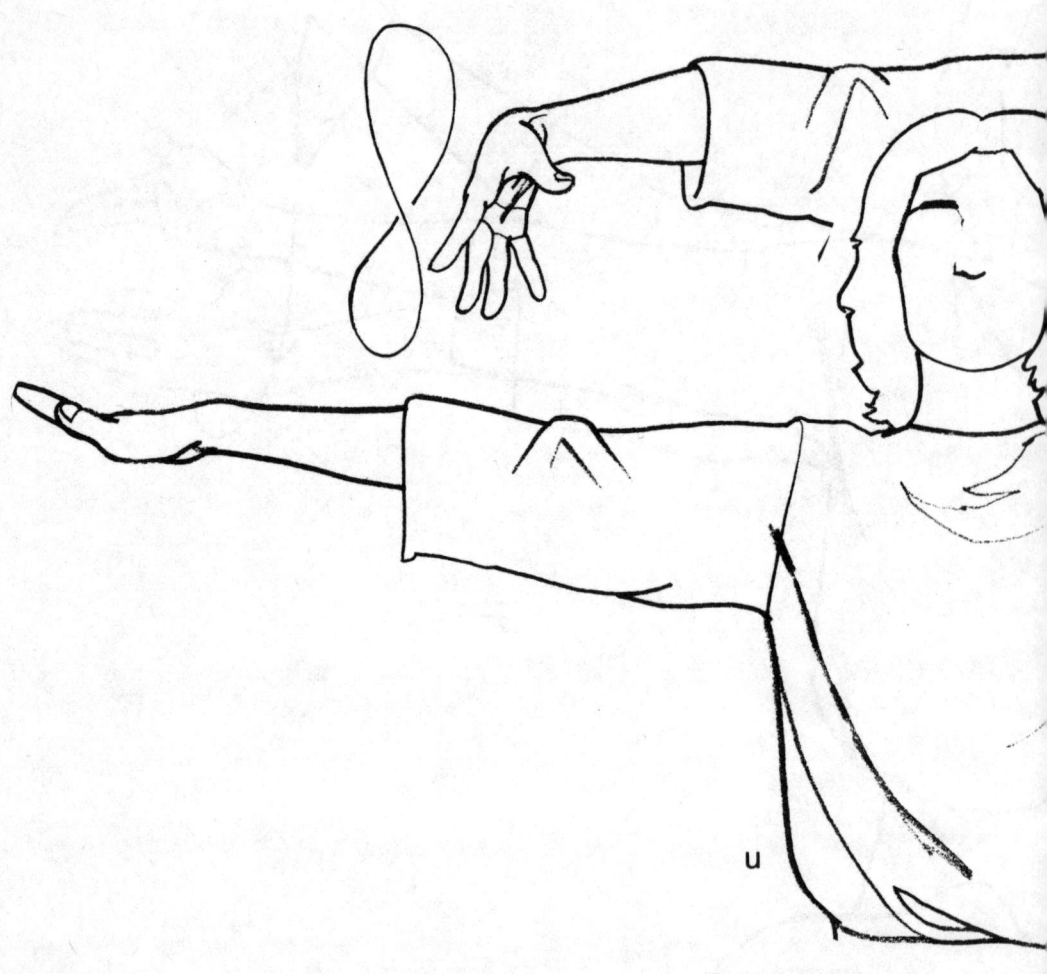

u

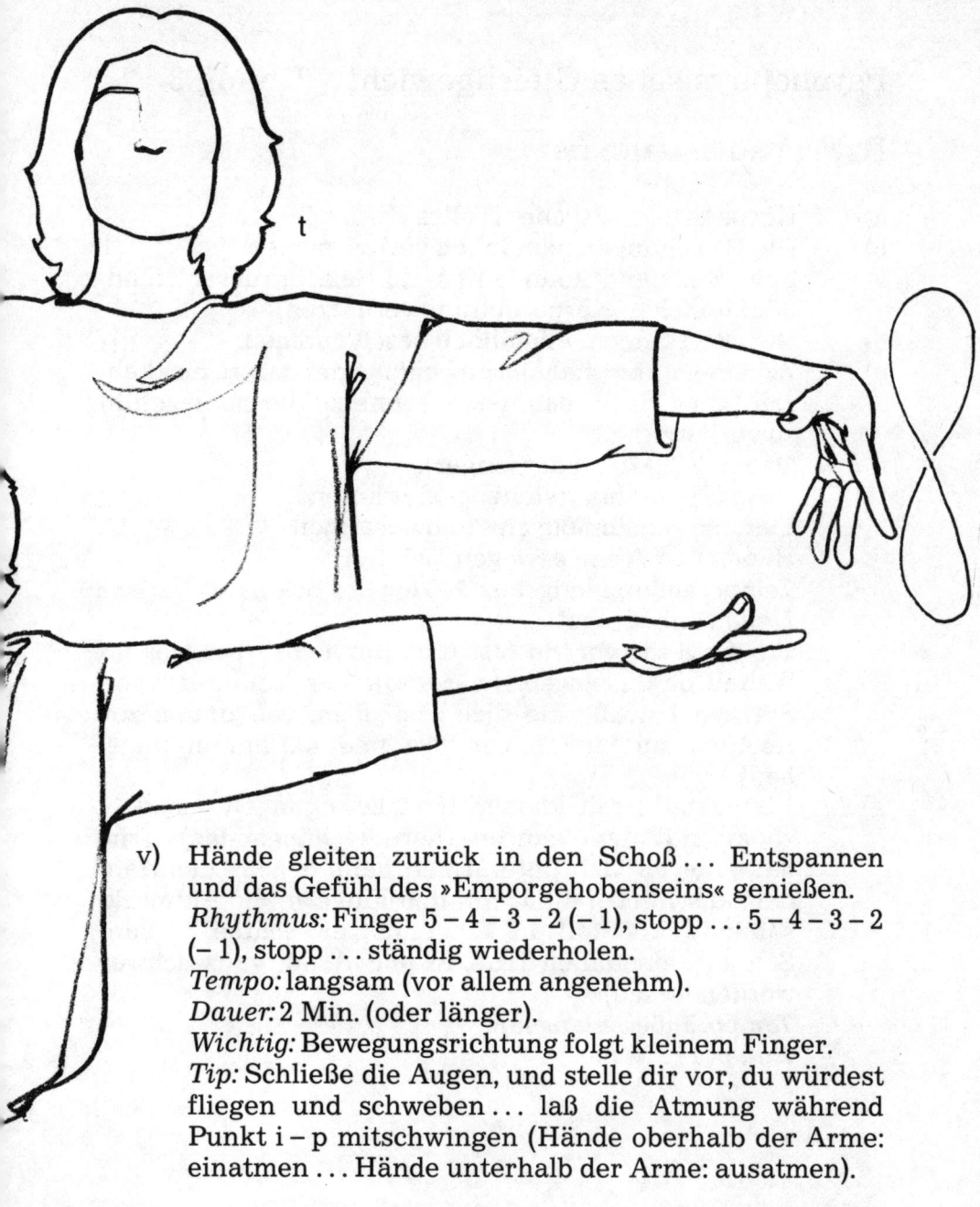

v) Hände gleiten zurück in den Schoß ... Entspannen
und das Gefühl des »Emporgehobenseins« genießen.
Rhythmus: Finger 5 – 4 – 3 – 2 (– 1), stopp ... 5 – 4 – 3 – 2
(– 1), stopp ... ständig wiederholen.
Tempo: langsam (vor allem angenehm).
Dauer: 2 Min. (oder länger).
Wichtig: Bewegungsrichtung folgt kleinem Finger.
Tip: Schließe die Augen, und stelle dir vor, du würdest
fliegen und schweben ... laß die Atmung während
Punkt i – p mitschwingen (Hände oberhalb der Arme:
einatmen ... Hände unterhalb der Arme: ausatmen).

BEWEGUNGSHARMONIE:

a) Körper, Geist, Psyche ... alles *fließen* lassen.

b) Die Bewegungen allmählich verlangsamen.

c) Zum Stillstand kommen (± 15 Sek. in dieser standbildähnlichen Körperhaltung verharren).

d) Die Bewegungen allmählich beschleunigen.

e) Zu einem »normalen« Bewegungsmuster zurückkehren (ohne dabei das neugewonnene Harmoniegefühl zu verlieren).
Dauer: 2–3 Min. (oder länger).

f) *Ausgangsstellung:* stehend oder kniend.
Tief und regelmäßig ein- und ausatmen.
Hände und Arme bewegen sich frei.
Tempo: äußerst langsam (1–5 cm pro Sek.).
Dauer: unbegrenzt.
Tip: Stell dir vor, du bist ein Himmelskörper, der im Weltall dahinschwebt (werde dir der Milliarden von Sternen bewußt, die dich von oben, von unten, zur Rechten, zur Linken, von vorn und von hinten umgeben).

g) Übungsteil f mit kleinen Kreisbewegungen beenden: zuerst mit dem ganzen (herunterhängenden) Arm, dann nur mit den Unterarmen, dann nur mit den Händen, anschließend nur mit den Fingern (die Aufmerksamkeit dabei auf die Fingerspitzen richten) ... zum Schluß entspannen (Hände und Arme ganz schwer werden lassen).
Tempo: äußerst langsam.
Dauer: 1–2 Min.

Anmerkungen

Ausgewogenes Handeln ist das Ergebnis einer »Meta-Balance« zwischen Wollen, Denken, Fühlen und Wahrnehmen:
Der Wille muß darauf hinarbeiten, das Harmonieprinzip im täglichen Leben zu verwirklichen.

Der Intellekt muß mehr auf das Ganze (Synthese) als auf Teile davon gerichtet sein, das heißt, er muß sich stärker auf Gesetzmäßigkeiten, Beziehungen und Prozesse als auf Gegenstände, Formen und Substanzen konzentrieren.

Das Gefühl muß über das Instinktiv-Emotionale hinausgehen, um als ein Medium zu wirken, das Intuition überträgt.

Die Wahrnehmung muß in die Tiefe gehen, das heißt, sie sollte sich nicht auf ein automatisiertes Abtasten von Oberflächen beschränken, sondern zum innersten Kern der Dinge vordringen.

Schließlich sollte man sich bei jeder Handlung bewußt sein, daß es das Universum ist, das All-Einige, das sich selbst durch den einzelnen ausgestaltet.

SELBSTVERWIRKLICHUNG DURCH
SELBSTWAHRNEHMUNG:

a)   Das eigene Handeln analysieren hinsichtlich der Energien, die frei werden. (*Wie* vibriert *was*, wenn ich arbeite ... spiele ... etwas kreiere ... kommuniziere ... mich entspanne ... liebe ... usw.?)

b)   Das eigene Handeln aus einer anderen »transpersonalen« Perspektive betrachten. (Was tue »ich« bewußt ... was tue »ich« unbewußt ... was wird mit »mir« und/oder was wird durch »mich« getan?)

c)   Alle Bewegungen im Zeitlupentempo ausführen, um
       sich des eigenen Tuns stärker bewußt zu werden. (Die
       Bewegungen dabei nicht als relativ unwichtige
       Schritte auf dem Weg zu einem höheren Ziel betrach-
       ten, sondern vielmehr als notwendige Glieder in einer
       endlosen Kette von Prozessen, die die Wirklichkeit
       ausmachen.)

Verwandte Übungen:
Konditionstraining der Arme (siehe *Anmerkungen*),
Dynamische Entspannung / Übung 6,
Expressivität / Übung 3,
Hand-Hirn-Rückkopplung / Übungen 2 und 3,
Bioenergie / Übungen 1, 2 und 3e.

Hand-Hirn-Rückkopplung

Hand-Hirn-Rückkopplung · Übung 1

VISUALISIERUNGSÜBUNG:

Ausgangsstellung: den Körper (im Sitzen oder Liegen) entspannen.

a) Hände 15 cm von den Augen entfernt halten ... beide Hände so genau wie möglich betrachten (jede Einzelheit registrieren).
Dauer: unbegrenzt.

b) Augen schließen ... die Hände in eine Ruhestellung bringen ... und Teil a der Übung in der Vorstellung noch einmal wiederholen (visualisieren).

c) Die Aufmerksamkeit bei weiterhin geschlossenen Augen auf den kleinen Finger der rechten Hand richten ... der kleine Finger beginnt nun einen inneren Monolog über sich selbst (zum Beispiel: Ich bin der kleine Finger der rechten Hand ... ich bestehe aus drei beweglichen Teilen ... einem Wurzelgelenk, einem Mittelgelenk und einem Nagelgelenk ... an den am stärksten beanspruchten Stellen ist die Haut, mein Schutzschild, durch Hornhaut besonders geschützt ... die unzähligen Tastrezeptoren, die mich umgeben, dienen mir als Fenster nach draußen ... über die Muskeln erstreckt sich mein Aktionsradius bis hinauf zum Unterarm ... über das Nervensystem bin ich an das Handzentrum in der Großhirnrinde angeschlossen ... ich stehe im Dienste des Organismus, der mich hervorgebracht hat und der mich ernährt ...

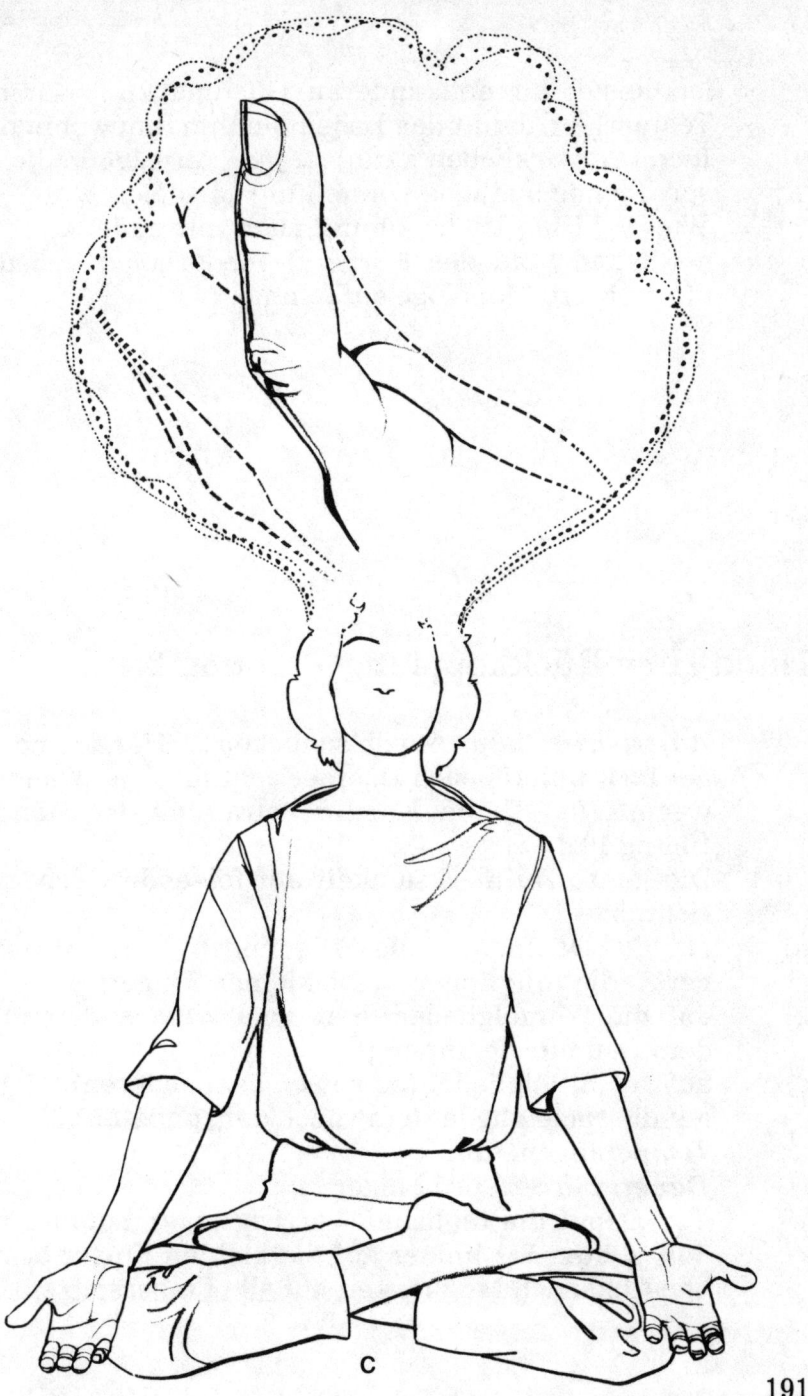

c

ich leiste mit den anderen Gliedmaßen zusammen Teamarbeit, damit das Leben die ihm innewohnenden Ideen verwirklichen kann) ... jede Aussage in die entsprechende bildliche Vorstellung umsetzen.

Wichtig: Die gleiche Übung auch mit anderen Teilen der Hand (und des Körpers) wiederholen ... jedoch nie mehrere Monologe auf einmal.

Hand-Hirn-Rückkopplung · Übung 2

Ausgangsstellung: Augen schließen ... Hände und Finger koordinieren sich zu einer achtförmigen Wellenbewegung (wie beim Konditionstraining der Hände / Übung 10 d – i).

Die ganze Aufmerksamkeit auf folgende Körperteile richten:

a) auf die Daumen ... die Zeigefinger ... die Mittelfinger ... die Ringfinger ... die kleinen Finger;

b) auf die Wurzelglieder (eins nach dem anderen; mit dem Daumen beginnen);

c) auf die Mittelglieder (eins nach dem anderen);

d) auf die Nagelglieder (eins nach dem anderen).

Tempo: angenehm.

Dauer: ± 5 Sek. pro Finger.

Tip: Damit die täglichen Verrichtungen subtiler werden, sollten Sie immer auf die kleinen Finger achtgeben (und nach Möglichkeit auf alle Fingerspitzen).

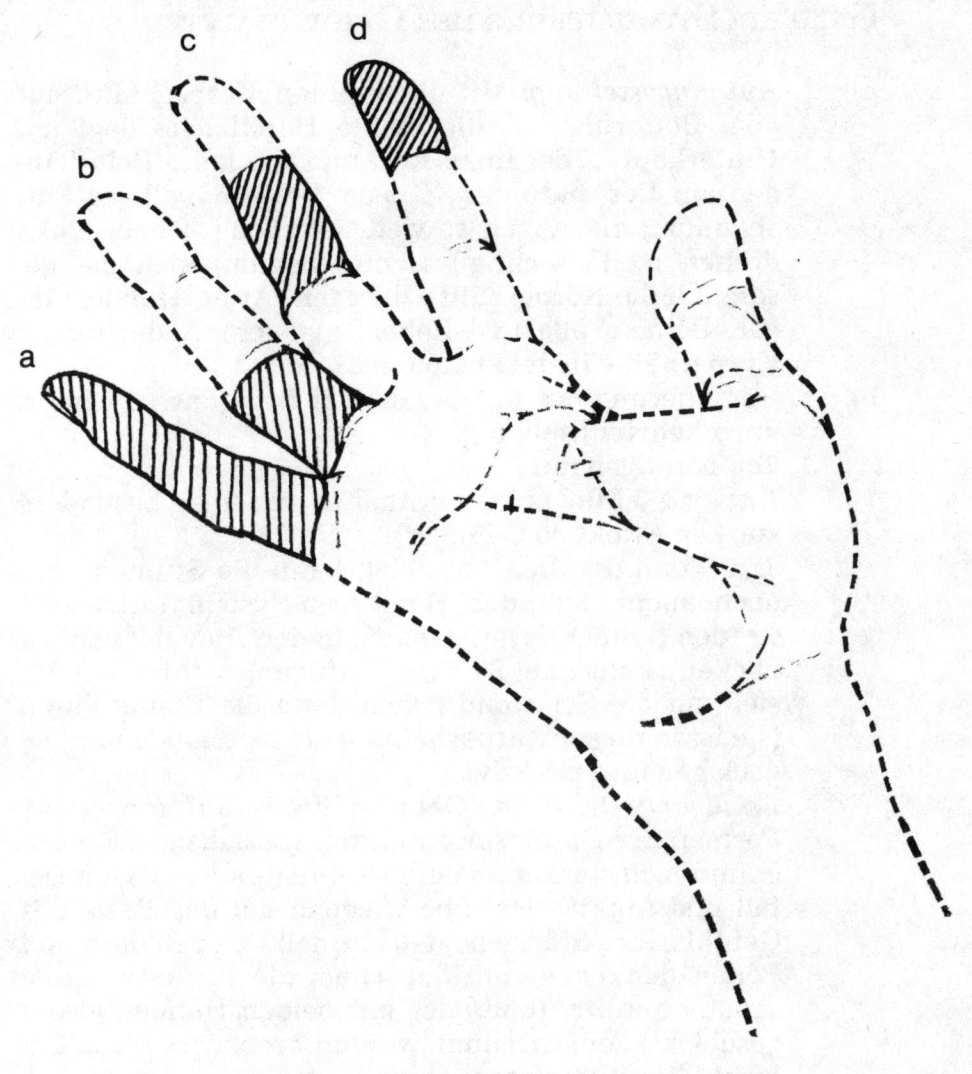

Hand-Hirn-Rückkopplung · Übung 3 → →

GEZIELTE STIMULIERUNG DER GEHIRNHÄLFTEN:

a) *Ausgangsstellung:* Mit der rechten Körperhälfte auf dem Bett ruhen... die rechte Handfläche liegt am Hinterkopf... der linke Arm und das linke Bein hängen am Bett herunter... nach 3–5 Min. völliger Entspannung die Augen so weit wie möglich nach links drehen (sehr wichtig!)... nun beginnt sich die gesamte linke Körperhälfte zu regen (Arme, Hände, Finger, Beine, Füße und Zehen zugleich)... die rechte Körperhälfte bleibt entspannt.

b) Stimulierung der linken Gehirnhälfte (das gleiche in umgekehrter Stellung).

Tempo: angenehm.

Dauer: 3–5 Min. pro Gehirnhälfte (für einen besonders starken Effekt noch länger).

Tip: Wenn das Bein ermüdet, kann die Stimulierung auch allein über das Hand-Arm-System fortgesetzt werden (immer daran denken, in den Augenwinkel zu blicken). Falls kein Bett zur Verfügung steht, legen Sie sich auf die Seite und gehen dann die Übung durch (sie ist in dieser Körperhaltung etwas ermüdender, jedoch genauso effektiv).

Erklärung: Die rechte Gehirnhälfte ist auf nonverbale Formen der Daseinsorientierung spezialisiert. Sie orientiert sich stärker an der Gesamtsituation als am Detail und funktioniert überwiegend auf der Basis des Gefühls. Ihre Stärke liegt darin, daß sie in Bildern und Tönen denken kann. Menschen, die in erster Linie kreativ, intuitiv (und/oder mit beiden Händen gleich geschickt) sein möchten, werden besonders diese Gehirnhälfte stimulieren.

Die linke Gehirnhälfte ist auf die rational-analytischen Formen der Daseinsorientierung spezialisiert. Sie orientiert sich stärker am Detail als an der Gesamtsituation und funktioniert vorwiegend auf der Grundlage des Intellekts. Ihre Stärke liegt darin, in Worten, Zahlen und abstrakten Begriffen denken zu können. Wer in erster Linie seine Leistungsfähigkeit, seine Disziplin und sein »kühles Denken« steigern will, wird versuchen, diese Gehirnhälfte besonders zu stimulieren.

Das Wichtigste an dieser Übung ist die Möglichkeit, die komplementären Gegensätze in sich selbst ins Gleichgewicht zu bringen. Wer dieses Gebiet ausgiebiger erforschen möchte, sollte sich zunächst etwas Grundlagenwissen über Gehirnforschung anlesen (siehe beispielsweise *Die Psychologie des Bewußtseins* von Robert Ornstein und die *Revolution der Gehirnforschung* von Marilyn Ferguson).

Verwandte Übungen:
Konditionstraining der Arme (siehe *Anmerkungen*),
Mikro-Präzision / Übungen 2 und 3,
Dynamische Entspannung / Übung 6,
Psychophysisches Gleichgewicht / Übung 3.

195 →

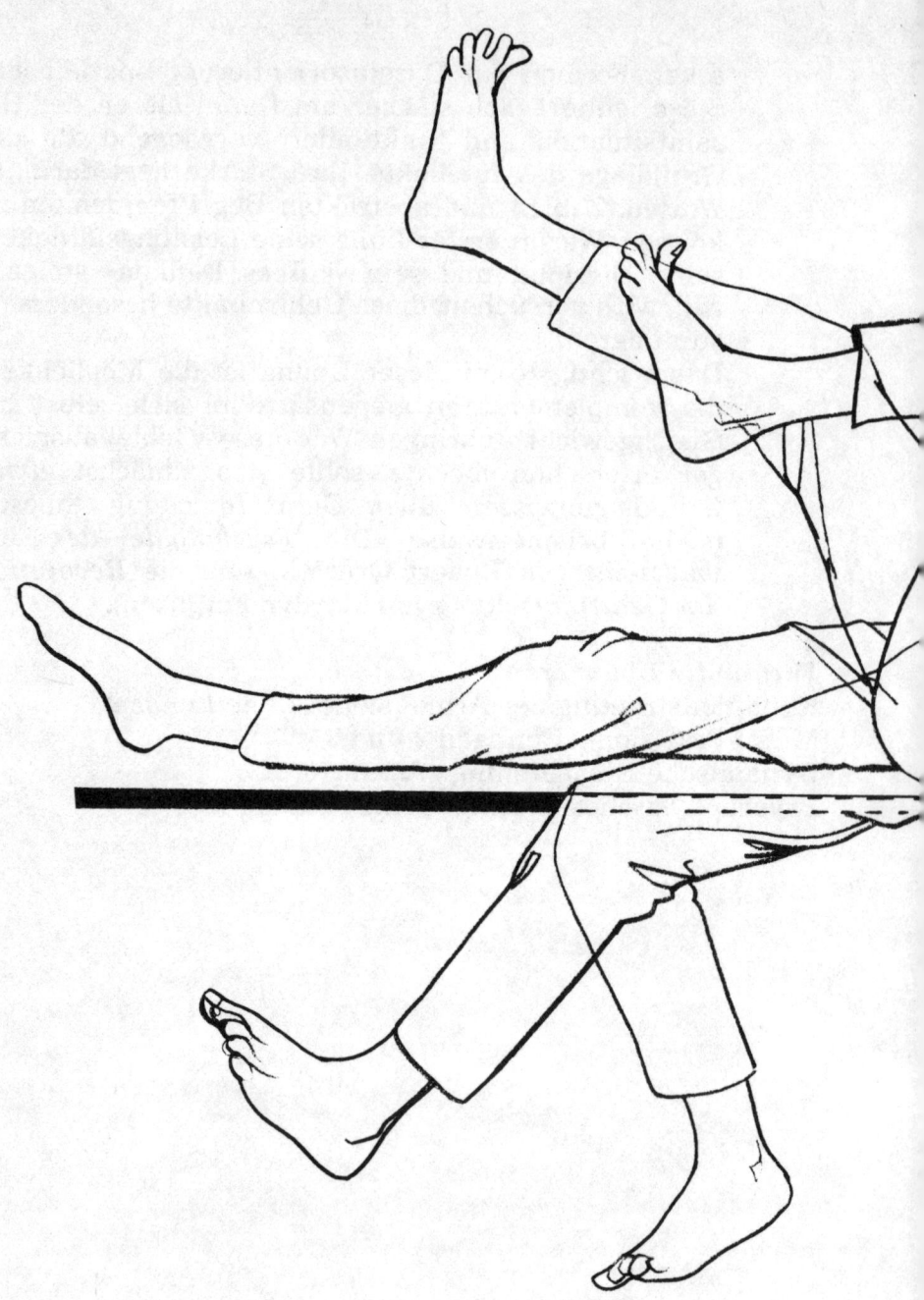

Bioenergie

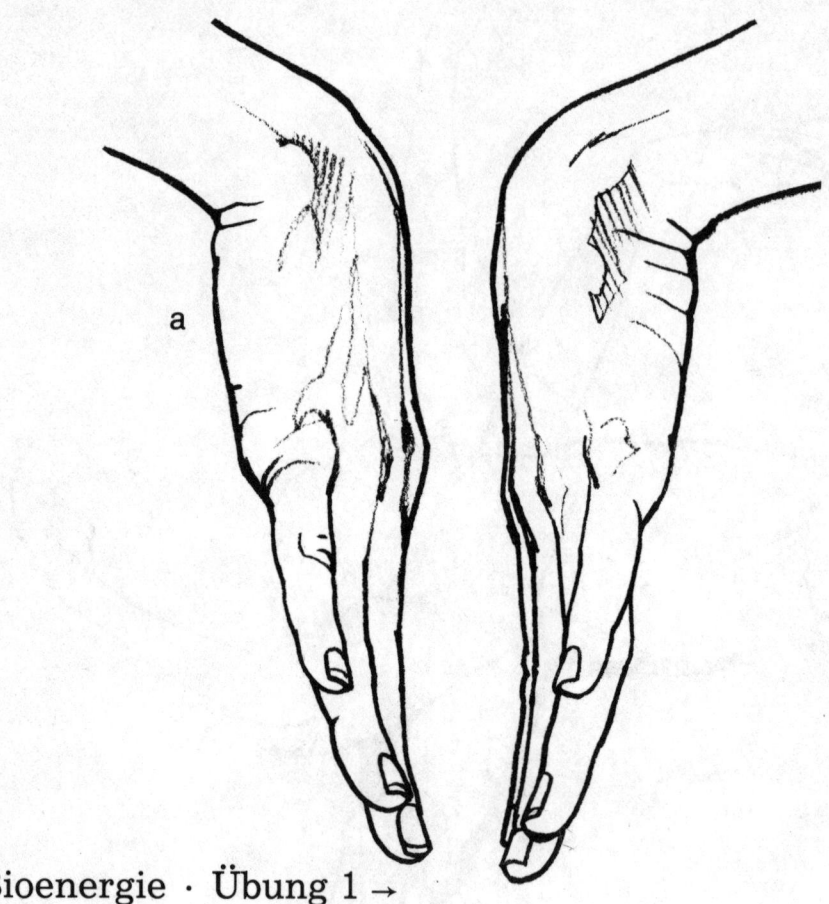

a

Bioenergie · Übung 1 →

Wahrnehmen der Bioenergie:
Augen schließen: sich den Körper als ein biomagneti-
sches Kraftfeld vorstellen (linke Körperhälfte = ne-
gativer Pol, rechte Körperhälfte = positiver Pol).

a)   Handrücken gegeneinanderhalten (± 20 Sek.).

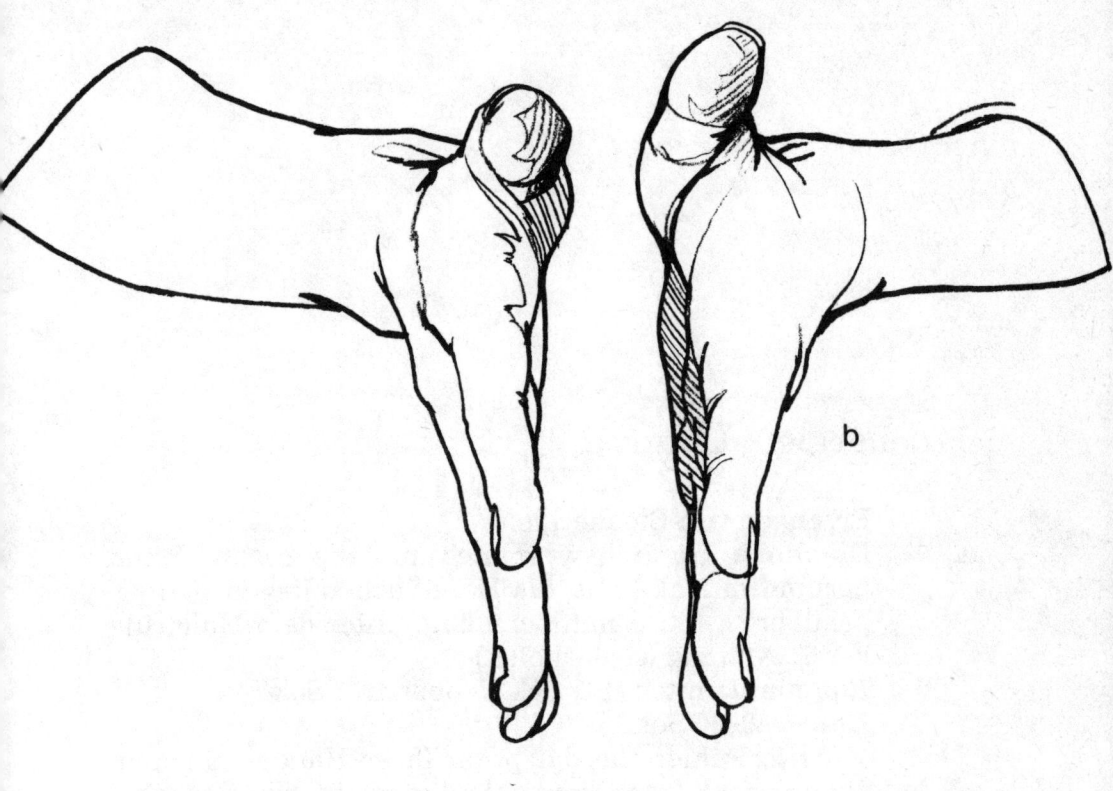

b

b)   Handflächen gegeneinanderhalten (± 20 Sek.).
      a + b: insgesamt dreimal.
      Wichtig: Seien Sie nicht überrascht, wenn Sie ein un-
      sichtbares Polster zwischen Ihren Händen fühlen ...
      das zeigt nur, daß Sie mit Ihrer eigenen Energiedi-
      mension in Berührung gekommen sind.

Bioenergie · Übung 2

Erzeugen von Bioenergie:

a) Die linke Hand bewegt sich um die rechte Hand herum (im Halbkreis; die Handflächen liegen sich gegenüber ... die Handfläche liegt unter dem Handrükken ... ständig wiederholen).
Rhythmus: unten ± 1 Sek ... oben ± 1 Sek ...
Dauer: 40–60 Sek.
Wichtig: Fühlen Sie, daß unter Ihren Händen ein ständig anwachsender Energieball entsteht, den Sie quasi polieren.

b) Den Energieball in die linke Hand gleiten lassen ... und ihn mit der rechten Hand weiterreiben und wachsen lassen.

c) Den Energieball immer größer werden lassen, so daß schließlich der ganze Körper davon umgeben ist.
Tip: Lassen Sie dieses Mehr an Energie in Ihre Wahrnehmungen, Gefühle, Gedanken und Handlungen einfließen.

200 →

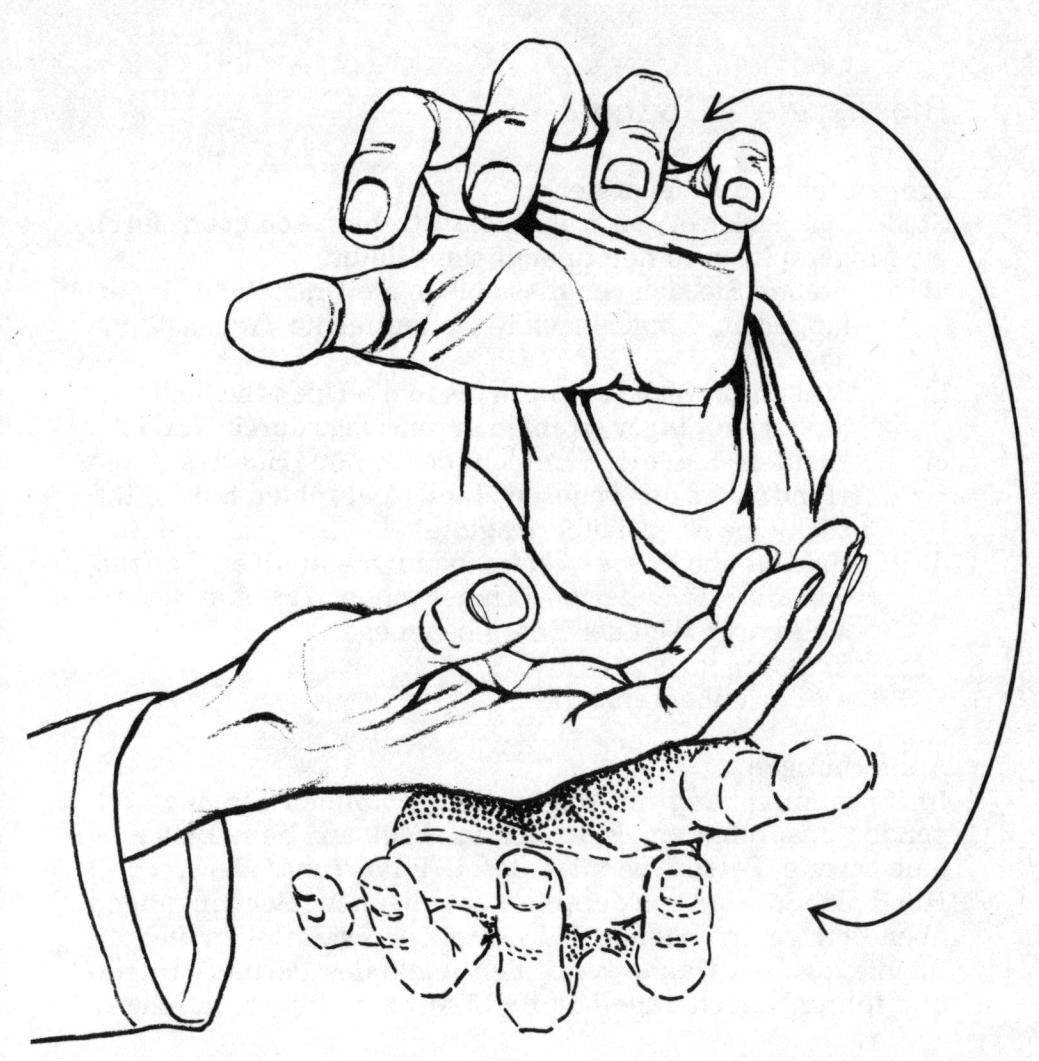

Bioenergie · Übung 3

Projizieren von Bioenergie:
Stellen Sie sich vor, laserähnliche Strahlen schießen durch die Fingerspitzen in den unendlichen Raum.

a)   Stellen Sie sich vor, diese bis in die Unendlichkeit verlängerten Finger tasten weitentfernte Gegenstände ab.

b)   Stellen Sie sich vor, diese bis in die Unendlichkeit verlängerten Finger strahlen geradewegs durch Wände.

c)   Richten Sie die Strahlen der einen Hand auf die Handfläche der anderen Hand (und fühlen Sie die tatsächliche Energieübertragung).

d)   Spüren Sie insbesondere beim meditativen Tanzen, wie die »verlängerten« Finger einen Wirbel in der unsichtbaren Welt der Energie erzeugen.

Tempo: gemessen.
Dauer: unbegrenzt.

Anmerkungen
Im Zusammenhang mit dieser Übung können Sie auch folgendes ausprobieren: Eine Person liegt auf dem Bauch... eine zweite Person benutzt deren linke (und/oder rechte) Hand als »Sensor«, um damit unterschiedliche Schwingungen über den verschiedenen Körperteilen festzustellen (lassen Sie die eigenen Hände vom Energiefeld des Partners tragen und führen). Nach ungefähr 10–15 Min. die Plätze tauschen.

Verwandte Übungen:
Sensibilität / Übung 4,
Dynamische Entspannung / Übung 6,
Passive Entspannung / Übungen 1, 2 und 3,
Psychophysisches Gleichgewicht / Übungen 2 und 3,
Hand-Hirn-Rückkopplung / Übung 3.

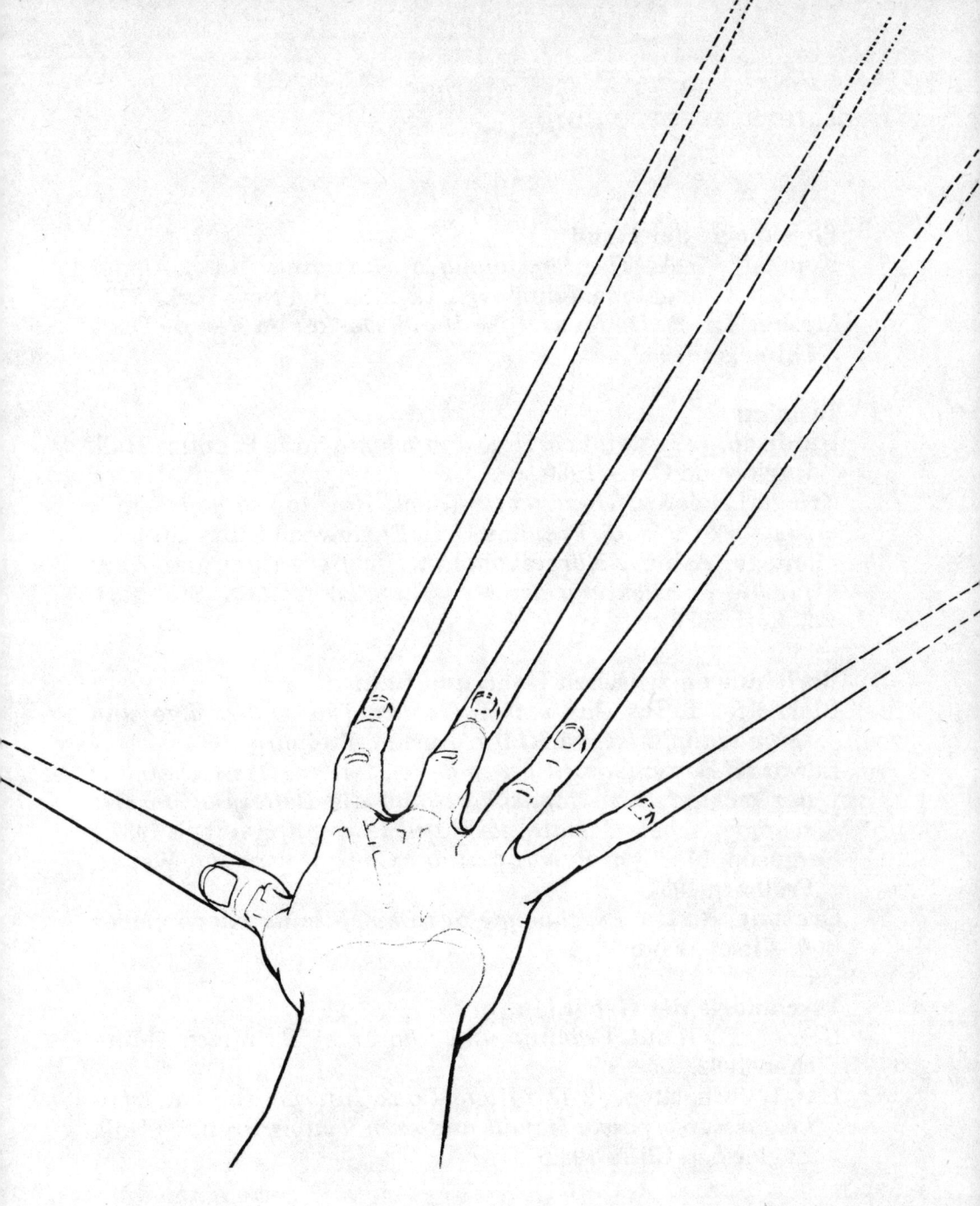

203

Literaturverzeichnis

Physiologie der Hand
Kapandji, I. A.: *The Physiology of the Joints*, Bd. 1, Upper Limb, Livingstone, Edinburgh, London und New York 1970.
Mesker, Dr. P.: *De Menselijke Hand*, Dekker en Van de Degt, Nijmegen 1980.

Tastsinn
Hardison, J.: *Let's touch. How and why to do it*, Prentice-Hall, Englewood Cliffs 1980
Krieger, Dolores: *Therapeutic Touch. How to use your hands to help or to heal*, Prentice-Hall, Englewood Cliffs 1979.
Montagu, Ashley: *Körperkontakt. Die Bedeutung der Haut für die Entwicklung des Menschen*, Klett-Cotta, Stuttgart, 2. Aufl. 1980.

Beziehungen zwischen Hand und Gehirn
Blakeslee, T. R.: *Das rechte Gehirn. Das Unbewußte und seine schöpferischen Kräfte*, Aurum, Freiburg 1982.
Edwards, Betty: *Garantiert zeichnen lernen. Das Geheimnis der rechten Hirn-Hemisphäre und die Befreiung unserer schöpferischen Gestaltungskräfte*, Rowohlt, Reinbek 1982.
Ferguson, Marilyn: *Revolution der Gehirnforschung*, Walter, Freiburg 1981.
Ornstein, R.: *Die Psychologie des Bewußtseins*, Kiepenheuer & Witsch, Köln 1974.

Psychologie der Gebärden
Kiener, F.: *Hand, Gebärde und Charakter*, Reinhardt, München 1962.
Lee, L. / Charlton, J.: *The Hand Book. Interpreting handshakes, gestures, power signals and sexual signs*, Prentice-Hall, Englewood Cliffs 1980.

Morris, D.: *Gestures: their origin and distribution*, Cape, London 1979.

Stangl, A.: *Die Sprache des Körpers*, Econ, Düsseldorf 1977.

Philosophie der Hand

Hessenbruch, H.: *Die umfassende Bedeutung der Hände*, Verlag der Lebensschule, Unterlängenhardt 1971.

Kasper, N. / Muschter, E. / Preisig, B.: *Das Handbuch*, Birkhäuser, Stuttgart 1980.

Mangold, Ursula (Hrsg.): *Das große Buch der Hand*, Goldmann, München 1978.

Napier, J. R.: *Hands*, Allen & Unwin, London 1980.

Révész, G.: *De Menselijke Hand*, Noord-Hollandsche Uitgevers Mij., Amsterdam 1941.

Sorell, W.: *The Story of the Human Hand*, Weidenfeld and Nicholson, London 1968.

Wolff, Charlotte: *Die Hand des Menschen*, Kindler, München 1973.

Paranormale Handfunktionen

Blate, Michael: *How to Heal Yourself Using Hand Acupressure (Hand Reflexology)*, Falkynor Books, P.O. Box 290057, Davie, FL 33314, 1983.

Carter, Mildred: *Hand Reflexology*, Parker, New York 1975.

Gordon, Richard: *Deine heilenden Hände. Eine Anleitung zur Polarity Massage*, Hugendubel, München 1980.

Gunter, Bernhard: *Energy, Ecstasy and Your Seven Vital Chakras*, Aquarian Publishing Company, Wellingborough 1979.

Joy, Brugh, M. D.: *Joy's Way, An Introduction to the Potentials for Healing with Body Energies*, J. P. Tarcher, Los Angeles 1979.

Leupold-Kirschneck, D.: *Das Handauflegen*, Schwabe, Basel 1981.

Middendorf, Ilse: *Der Atem und seine Bedeutung für den Menschen*, Institut für Atemtherapie und Atemunterricht, 1000 Berlin 30, Viktoria-Luise-Platz 9, o. J.

Rodelli, S.: *Händeübungen als Heilgymnastik*, Drei Eichen Verlag, 2. Aufl. 1970.

Senf, Paul: *Handauflegung und Heilung*, Francke, Marburg 1977.

Taniguchi, Masaharu: *Die geistige Heilkraft in uns*, Baum-Verlag, Pfullingen 1962.

Fingerspiele für Kinder
Baur, A.: *Das Fingertheater*, Novalis Verlag, Schaffhausen 1974.

Baur, A.: *Die Finger tanzen*, Novalis Verlag, Schaffhausen 1981.

Blumenthal, L. / Stokes, J.: *Das Handspiel-Buch*, Herder, Freiburg 1977.

Verwandte Themen
Chirologie und Chiromantie (siehe Butler, René: *Erfolg liegt auf der Hand. Chirologie und Beruf*, Econ, Düsseldorf 1981).
Graphologie und Graphotherapie
Handmassage
Bewegungstherapie
»Handauflegen« und Handheilen
Zeichensprache
Mudras
Handwerken
Körpertraining für Spieler eines Instrumentes
Ergonomie
Karma Yoga (Vita activa)

Über den Autor

Daim Batangtaris ist typisches Vorbild eines Weltbürgers. Er wurde am 6. Dezember 1952 in Den Haag geboren und wuchs auf in kulturell so verschiedenartigen Ländern wie Indonesien, Deutschland und den USA.

1976 kehrte er zurück in die Niederlande. Dort begann er Kurse über Handdynamik abzuhalten sowie einen bewußtseinserweiternden Kurs, den er »Friedenstraining« nannte. Seit 1983 arbeitet er als Mitgestalter der Studienprogramme an der University for Peace, einer Zweigorganisation der U.N.

Sein besonderes Interesse für Hände wurde zu einer Zeit geweckt, als er noch Liberal Arts an der University of California in Los Angeles studierte. Während dieser Zeit wurde er von der sogenannten »California Experience« beeinflußt und entdeckte dadurch schließlich die »Human Potential Movement«, die praxisorientierte Bewegung der humanistischen Psychologie, an der er sich aktiv beteiligte. Die Anregung, eine ganzheitliche Technik zur Handentwicklung zu begründen, entstand vorwiegend unter diesem Einfluß.

Nach fünfjähriger intuitiver Experimentierdauer gelang es ihm, alle Funktionen der Hand methodisch zur Entwicklung zu bringen.

Sein Buch wurde international als eine lang erwartete Ergänzung zur Leibeserziehung und Körperpflege begrüßt. Es wird derzeit in alle bedeutenden Sprachen übersetzt.

Kontaktadresse:

HAND DYNAMICS INSTITUTE
P. O. Box 65930
NL-2506 EE Den Haag
Niederlande

Lies Groening

Die lautlose Stimme der einen Hand

Zen-Erfahrungen in einem japanischen Kloster
224 Seiten, gebunden

»Jeder hat schon einmal etwas vom Zen-Buddhismus gehört. Die Autorin des Buches – sie hat selber insgesamt fünf Jahre in einem Zen-Kloster gelebt – beschreibt den Weg zu ihrer Erleuchtung. Das ist ein Erfahrungsbericht eines geistigen Reifeprozesses. Er erklärt den verborgenen Sinn der Meditationsübungen und der strengen Lebensabläufe in solch einem Kloster. Dies Buch gibt dem Leser einen Anstoß, sich mehr auf sich selber zu besinnen und wieder schöpferisch tätig zu werden.« *Heilpraktiker-Journal*

Christopher Markert

Yin/Yang

Polarität und Harmonie in unserem Leben.
224 Seiten, 46 Zeichnungen, gebunden

»Im Fernen Osten gibt es schon seit über 4000 Jahren eine Lehre, die das Gleichgewicht auf allen Lebensgebieten anstrebt und auch weitgehend verwirklicht. Man spricht dort von Yin und Yang, den zwei kosmischen Urkräften, die im Leben überall in Erscheinung treten. Chinesen und Japaner glauben, daß eine Yin-Yang-Polarität besteht zwischen Mann und Frau, Körper und Geist, Bewußtem und Unbewußtem, zwischen Sonne und Mond, Himmel und Erde usw. Das Buch beschreibt in praktischen Einzelheiten, wie wir die innere Harmonie finden können, die es uns ermöglicht, ein neues Gleichgewicht zu schaffen.« *Heidenheimer Zeitung*

ECON Verlag, Postfach 9229, 4000 Düsseldorf 1